다음 생엔

무조건

엄마 편

# 다음 생엔
# 무조건
# 엄마 편

김이경 지음

샘터

## 글을 시작하며

"엄마가 새벽 6시에 운명하셨다."
일요일 새벽, 가족 카톡에 엄마가 보낸 메시지가 왔다.
(아버지가 엄마 폰으로 보냈기 때문이라는 건 나중에 알았다.)
잠에서 미처 덜 깬 채로 이게 무슨 장난 메시지인가 싶어 멍하게 있는데, 부모님과 같이 주말을 보내고 있던 남동생에게서 전화가 걸려왔다.

"엄마가 돌아가셨어."
"…무슨 소리야?"
"엄마 스스로 목숨을 버리셨어…."
동생이 울먹이며 말했다.

'불과 며칠 전에 뵙고 올라왔는데… 아버지가 바로 옆에서 주무시고 계셨는데… 엄마가 그렇게 좋아하는 아들이 와서 같이 지냈는데….'

엄마는 42년생 말띠로, 향년 82세셨다. 남들이 '살 만큼 사셨다'고 말해도 그리 억울하고 섭섭한 일은 아닐 연세다. 그러나 우리 가족들은 안다. 엄마는 얼마 전까지도 누구보다 건강했고, 누구보다 삶을 사랑했다. 엄마와 아버지는 금슬 좋기로 소문난 부부였고, 자식들은 각자 번듯한 직업에 행복한 가정을 이루어 잘 살고 있었으니, 엄마는 그야말로 '남 부러울 것 없는' 노인이었다. 그러니, 엄마의 죽음은 너무나도 느닷없었다. 자연사나 사고사가 아닌, 자살은 더더욱.

엄마의 죽음 서너 달 전, 엄마는 매일 가던 피트니스센터 사우나에서 낙상을 하셨다. 운동 끝나고 집에 계신 아버지 식사를 챙기기 위해 급히 서두르다 사고를 당하셨다고 한다. 다행히 머리를 다치거나 갈비뼈가 부러지거나 한 건 아니어서, 열흘 정도 병원에 누워 계시다 퇴원을 하셨다.

그러나 그 일 이후 엄마가 급속도로 무너지기 시작하셨다. 실제 검사에서는 아무 이상이 없다고 하는데, 엄마는 몸이 썩는 것 같다는 둥 벌레가 기어다닌다는 둥 이해 못 할 소리를 자주 하면서 극도의 불안 증세를 보이셨다. 그토록 생기 가득했던 엄마의 눈과 표정에서 하루아침에 빛이 사라지고, 하루를 꽉 채워서 부지런하게 사시던 엄마가 종일 무기력하게 멍하니 앉아만 계셨다. 너무도 갑작스럽게 달라진 엄마의 모습에 가족들은 모두 어찌할 바를 모르고 허둥지둥하기만 했다. 그런 가족들이 미덥지 않아서였을까. 엄마는 못난 가족들을 기다려 주지 않고 그렇게 훌쩍 떠나셨다. 남은 가족들은 엄마를 지켜주지 못했다는 깊은 죄책감과 회한으로 힘들어했고, 각자의 방식으로 엄마의 부재를 견뎌야 했다.

나는 도저히 회사를 정상적으로 다닐 수 없을 것 같아 아예 회사를 그만두고 침잠했다. 그리고 돌봄, 죽음, 애도에 관한 글들을 미친 듯이 찾아 읽었다. 엄마의 죽음을 어떻게든 이해해 보고 싶었고, 내가 무엇을 잘못했는지 알고 싶었다. 아무리 읽어도 쉽게 해답을 찾을 수 없었지만, 그 과정에서 차차 마음의 위안을 얻을 수는 있었다.

그러던 어느 날, 친정집 책장에서 오래전에 읽고 놓아둔 책을 선 자리에서 무심히 펼쳐 들었다가, 거짓말처럼 눈에 들어온 문장에 주저앉고 말았다.

"나 때문에 슬퍼하지 말아라. 엄마는 네가 있어 기쁜 날이 많았으니."
- 신경숙, 《엄마를 부탁해》 중에서

엄마가 내 머리를 쓰다듬으며 위로해 주는 것만 같았

다. 그동안 가슴을 무겁게 짓누르던 돌덩어리가 치워지는 느낌이었다.

여전히 엄마의 죽음을 이해할 수는 없지만, 이제는 엄마의 삶을 알고 싶어졌다. 그래서 엄마의 생애와 엄마와 함께했던 추억을 돌아보는 글을 쓰기 시작했다. "애도는 이별의 순간이 아니라 삶 전체를 기억하는 것"이라는 어느 다큐에서의 말처럼, 엄마에 대한 글을 쓰면서 비로소 온전히 슬퍼하고, 마음껏 추억하고, 진심을 다해 애도할 수 있었다.

나에게 애도는 끝이 아니라, 삶을 다시 살아내기 위한 시작이었다. 애도의 과정을 통해 비로소 "죽음을 향해 살아간다"라는 진리를 직시하고 "죽음을 똑바로 볼수록 삶이 선명해진다"라는 지혜를 깨우칠 수 있었다. 엄마와의 지난 삶을 돌아보고 앞으로의 삶을 깊이 고민하는 시간을 거쳐, 나는 이제 내 삶의 과거와 현재와 미래를 관통하는 단 하나가 있다면 그것은 '사랑'이라는 걸 확신한다. 내 부모의 사랑으로 나라는 사람이 이 세상에 왔고 두 분의 조건 없는 사랑을 받아먹으며 지금의 나로 자랐다. 그리고 언제 어디서나 오매불망 자식만 생각하시는 두 분의 사랑으로, 내 남은 삶의 여정이 결코 외롭거나 쓸쓸하지 않을 것이라는 걸 안다.

혹시 당신도 누군가를 떠나보내고 여전히 힘들어한다면, 그 마음을 너무 오래 혼자 두지 않았으면 한다. 누군가를 사랑하고 사랑받은 기억으로, 당신만의 방식으로 애도하면서 다시 씩씩하게 살아 나갈 힘을 얻기를 바란다.
당신이 누구든 어떤 시간 위에 있든 이 책이 그 시간을 건너는 데 조금이라도 위로가 될 수 있기를, 다시 살아가는 당신의 하루하루가 외롭거나 쓸쓸하지 않기를….

**목차**

005　글을 시작하며

## 1부　✳︎　애도하다

016　결혼 사진과 영정 사진
019　OK마트에서 울다
024　엄마의 옷장
028　타향살이와 재봉틀
032　엄마 꿈, 엄마의 꿈
035　화양연화
038　스마트폰과 엄마
042　듣고 싶은 목소리
045　엄마 반지는 내 꺼
048　미역국은 먹었나?
052　참외와 고추장아찌
055　엄마는 다 기억해
061　헤어짐과 배웅
065　오월과 엄마
068　나만의 메모리얼 데이

## 2부 ✳ 추억하다

- 072 다음 생엔 무조건 엄마 편
- 076 내 속엔 내가 너무도 많아
- 080 아버지의 은퇴
- 084 섬마을 선생님
- 088 배우지 못한 한
- 092 불친절한 영자 씨를 위한 변명
- 096 투병과 완치
- 100 10년 전에만 알았더라면
- 104 마지막 산책
- 108 김 여사의 운전
- 112 전국노래자랑
- 116 다 때가 있다
- 119 함박스테이크와 함박웃음
- 124 엄마라는 그릇
- 128 어느 집에서 일하세요?
- 131 대나무 엄마 버드나무 아버지

## 3부 ✱ 살아가다

- 136 유월과 아버지
- 141 아빠를 부탁해
- 144 신천 변 걷기
- 148 사방이 온통 그리운 엄마
- 154 이름값 하기
- 159 같이 가는 여행
- 163 모자 부자
- 167 좋은 문장 밑줄 긋기
- 170 아버지와의 대화법
- 176 '미안하다'와 '행복하자'
- 179 아버지의 자리
- 183 조용한 추석
- 186 언젠가는 나도
- 189 노인 취급, 어른 대접
- 193 가만히 곁을 두는
- 198 눈물로 걷는 인생길
- 203 장례식 전에 작별식
- 209 엔딩노트가 아니라 앤딩노트

1부

**애도하다**

## 결혼 사진과 영정 사진

새벽에 엄마가 운명하셨다는 전화를 동생으로부터 받고 정신없이 도착한 장례식장은 아직 준비가 제대로 되지 않은 어수선한 상황이었다. 그 속에 영정 사진만이 덩그러니 놓여 있었다.

사진 속 엄마는 환하게 웃고 있었다. 짙은 보라색 실크 모자와 푸른 바다색 플리츠 블라우스 차림에 곱게 화장한 얼굴이었다. 영정 사진이라고 하기엔 지나치게 화사하다고 해야 하나? 아니, 오히려 그게 더 좋은 걸까? 그 사진은 1년 전 부모님의 리마인드 웨딩을 위해 촬영한 걸 편집한 거였으니, 사진 속 엄마의 환한 웃음은 사진 찍기용 꾸밈이 아니라 진짜였음을 잘 안다.

그날, 사진을 찍으면서 엄마는 정말 행복해하셨다. 웨딩드레스 촬영이 가능한 가족사진 기프트권을 회사에서 받게 되었고, 남편과 단둘이 찍으면 왠지 허전할 것 같아 친정 부모님과 함께 찍기로 했다. 그러니 정확하게 말하자면 애초에 부모님의 리마인드 웨딩을 위해서 마련한 자리는 아니었던 셈이다. 그럼에도, 메이크업과 헤어부터 시작해 하루 종일 이어진 촬영 강행군 속에서 팔순이 넘은 나이의 엄마는 내내 에너지가 넘치셨고 촬영에 제일 열심이셨다.

결혼한 지 55년째에 다시 웨딩드레스를 입으신 엄마의 자태는 곱고 우아했다. 턱시도를 입으신 멋진 아버지와 같이 포즈를 취할 때는 설레는 듯하면서도 거침이 없었다. 어색해서 쭈뼛쭈뼛하는 건 오히려 조금 더 젊은 우리 부부 쪽이었다.

옷을 여러 벌 갈아입고 배경이 다른 장소 여기저기를 돌아다니며 많은 사진을 찍었는데, 그때 즐겁게 찍은 사진 중 하나가 불과 1년 후 엄마의 영정 사진으로 쓰일 거라고는 가족 중 어느 누구도 생각하지 못했다.


'엄마, 엄마 마지막 가는 길에 인사 오신 분들이 그러시더라고요. 엄마 정말 곱다고요. 엄마를 생전에 알지 못했던 분들도, 엄마 사진 보고선 엄마가 참 행복하셨을 것 같다고 해요.
엄마가 그날 그러셨잖아요.
"딸아, 고맙다. 덕분에 좋은 경험하게 해줘서."
아니에요, 엄마. 오히려 제가 더 고마워요.
그날 많이 행복해해 주셔서. 그 행복한 날, 제가 같이 있을 수 있어서.
근데, 왜 이렇게 갑자기 가버리셨나요?'

## OK마트에서 울다

엄마의 이상 증세가 잦아들 기미가 보이지 않아 이참에 부모님을 아예 서울로 모셔 오기로 했다. 새 거처를 마련하는 동안 임시로 서울 언니 집에 올라와 계시던 부모님이 돌연 집으로 돌아가겠다고 고집을 부리셨다. "일하는 바쁜 자식들 고생시키는" 게 마음에 걸리셨던 모양이다.

하는 수 없이 내가 하루 휴가를 내고 대구에 모셔다 드리기로 했다. 평소 같으면 두 분이 너끈히 다니실 귀향길이지만, 엄마가 몹시 불안해하셔서 아버지 외에 또 다른 누군가의 동행이 필요했기 때문이다. 자식들이 신경 쓰게 하는 걸 무엇보다도 싫어하셨던 엄마가, 내가 휴가까지 쓰면서 같이 가겠다는 말에 내 손을 꼭 잡으면서 지나칠 정도로 안도하셨다. 엄마의 그런 모습이 몹시 낯설었다.

대구 집에 와서도 두 분이 식사를 제대로 챙겨 드실 수 있을지 걱정될 정도로 엄마는 불안정하고 무기력해 보이셨다. 큰 품을 들이지 않고도 영양식으로 드실 수 있으려면 아무래도 고기가 제일 나을 것 같아 집 근처 OK마트로 갔다. OK마트는 엄마가 아버지와 함께 늘 장을 보는 곳이라 했다. 친정집에 내려갈 때면 집에 틀어박혀서 엄마의 챙김만 받던 나는 그곳이 처음이었다. 꽤 널찍한 마트는 상품 구색도 다양했고 동네 슈퍼라 그런지 직원들도 친절했다. 이곳에서 티격태격하며 장을 보는 두 분 생각에 왠지 정겨웠고, 부모님 근처에 이런 슈퍼가 있다는 게 마음이 놓였다. 정육 코너에서 두 분이 며칠은 드실 수 있는 양의 소고기를 사서 냉장고에 넣어두고 서울로 올라왔다.

며칠 후 엄마의 장례를 치르러 다시 내려올 거라고는 꿈에도 생각하지 못했다. 엄마가 기어이 세상을 등지셨다는 남동생의 전화를 받은 건, 두 분을 모셔다 드리고 소고기를 사놓고 올라온 지 겨우 며칠이 지난 후였다. 엄마의 삼일장을 마치고, 아버지를 모시고 친정집으로 왔다. 언니네와 동생네는 먼저 각자의 삶터로 돌아가고 나는 아버지 곁에서 좀 더 머물기로 했다. 이제는 엄마 없이 홀로 계셔야 할 아버지를 위해 이것저것 챙긴다고 마음만 바쁜 며칠을 보냈다. 서울로 돌아오기 전날, 아버지가 드실 식사를 준비해 두기 위해 OK마트로 갔다. 정육 코너에서 아버지가 좋아하시는 소고기를 주문하려는데 갑자기 목이 메었다. 불과 일주일 전만 해도 두 분이 같이 계셨는데 이제는 아버지만 혼자 남았다는 게 현실처럼 느껴지지 않았다. 서럽고 낯선 이 상황에 갑자기 꺼이꺼이 울음이 터져 나왔다.

"엄마가 돌아가셨어요. 지난주에 왔을 때는 두 분이 같이 드실 고기를 샀는데, 이제는 한 분만 계셔서 고기를 얼마나 사야 할지 모르겠어요."

오십 넘은 아줌마가 갑자기 아이처럼 터트린 울음에 정육 코너 젊은 직원은 고맙게도 당황하지 않고, "손님, 힘내세요"라며 휴지를 건넸다. 엄마 없는 설움에 눈물은 주책없이 계속 흘렀고 나는 창피한 줄도 몰랐다.

다음 날 차마 떨어지지 않는 발걸음으로 서울로 올라오는 내내, 평생을 함께한 아내를 갑자기 잃고 혼자 망연히 계실 아버지 생각에 눈물은 주체할 수 없이 또 흘렀다. 조용한 기차 칸에서 엄마 잃은 중년의 딸이 아내 잃은 노년의 아버지를 생각하면서 소리 죽여 울었다. 그리고 아버지에게 미처 소리 내어 건네지 못한 위로를 그제야 혼잣말로 한다.

'아버지, 힘내세요.'

친정집에 오면, 이제는 아버지 혼자 다니시는 OK마트에서 꼭 장을 본다. 아버지 드실 만큼만 고기를 사는 일도 익숙해졌고, OK마트에 들를 때마다 엄마 생각을 하실 아버지 때문에 저절로 눈시울이 붉어지는 것도 익숙해졌다. 쑥스러워 아직도 건네지 못하는 말을 혼자서 되뇌는 것도 익숙해졌다.
'아버지, 힘내세요.'

## 엄마의 옷장

엄마의 장례를 치르고 친정집에 머물던 첫날, 나는 엄마의 옷장 문을 모두 열어젖히고 옷 정리를 하기 시작했다. 이제 이 집에 혼자 남아서 다가오는 여름을 보내실 아버지의 여름옷과 이부자리를 준비해 놓기 위해서였다. 엄마가 살아 계셨다면 지금쯤 엄마가 하셨을 일이고, 아버지 혼자서는 해본 적이 없는 일이기도 했다. 안방의 한 벽면을 차지하는 큰 장과, 옷방으로 쓰는 건넌방의 옷장들을 하나하나 살피면서 뭐라 표현할 수 없는 슬픔이 차올랐다. 너무나 깔끔하고 가지런하게 정리 정돈된 엄마의 옷장을 이전에는 제대로 들여다본 적이 없다는 사실을 깨달았기 때문이고, 그 옷장에는 내가 미처 알아주지 못했던 엄마의 삶의 흔적이 고스란히 담겨 있었기 때문이다.

엄마는 우리 가족이 대구로 이사하기 전까지 구미에서 의상실을 운영하셨다. 가난한 집안에서 칠 남매의 맏딸로 태어난 엄마는, 어린 나이부터 일을 해야 했다. 시골집을 떠나 도시의 먼 친척뻘 되는 집에서 눈칫밥을 먹어가며 익힌 양장 기술로 가족들의 생계를 부양하고 동생들의 학비를 보탰다. 그렇게 십몇 년을 남의 가게에서 일을 하다 아버지와 결혼하면서 두 분의 고향인 구미에 터를 잡고 직접 의상실을 경영하셨다.
엄마가 의상실을 하실 때 우리 남매는 항상 엄마가 직접 만들어 주신 옷을 입고 다녔는데, 그때는 어른들이나 입을 것 같은 그런 맞춤옷보다는 아기자기한 액세서리도 달리고 귀여운 그림도 그려진 아동복을 무척 입고 싶었다. 나는 그때 엄마가 직접 지어 입히신 옷들이 얼마나 귀하고 소중한 것인지 알기엔 너무 어렸다.

그 시절 우리 남매가 입던 옷들은 이제 남아 있는 게 전혀 없지만, 엄마의 옷장엔 직접 해 입으셨던 엄마의 옷들이 아주 깔끔하게 보관되어 있었다. 순간 기억 저편에 묻혀 있던 추억들이 새록새록 떠올랐다.
아, 그 시절 그 옷들을 입은 젊고 젊었던 엄마의 모습은 어제처럼 생생한데… 이제 옷의 주인인 엄마는 세상에 없다.

고인의 생전 옷과 소지품들은 모두 태워 없애버리는 거라 하던데, 나는 그야말로 한 땀 한 땀 엄마의 손길과 정성이 배어 있는 그 옷들을 차마 태워버릴 수가 없을 것 같았다. 하여 나는 엄마의 옷들을 내가 입기로 했다. 다행히 엄마와 내 체격이 크게 다르지 않고, 좋은 옷감에 크게 유행을 타지 않는 디자인의 옷들이라 삼사십 년이 훌쩍 지난 지금도 전혀 어색하지 않다. 아니, 어색하면 어떠랴. 좀 촌스러운들 어떠랴. 나의 엄마가 직접 지으시고 아껴 입으시던 옷들이 아닌가. 엄마를 고스란히 느낄 수 있는 옷들이 아닌가.

친정집에 내려갈 때마다 엄마의 옷장을 열고 이번에는 어떤 옷을 가지고 가서 입을까 고민한다. 행복한 고민이다. 솜씨 좋은 엄마 덕택이다.

## 타향살이와 재봉틀

혼자 지내시는 아버지를 뵈러 친정집을 자주 드나들면서 집 안 여기저기를 둘러보다가, 볕 좋은 베란다 한편에 얌전히 놓인 재봉틀을 보았다. 전에는 눈여겨본 적 없던 재봉틀이 마치 엄마를 다시 만난 것처럼 놀랍고 반가웠다. 엄마가 의상실을 하던 그 옛날부터 쓰시던 거니까 내 나이보다 더 오래된 재봉틀이다. 너무 낡고 삭아 보여 작동이나 할지 의심스러웠지만, 엄마가 최근까지도 재봉틀로 이런저런 소품을 만들어 지인들에게 나눠주셨다는 얘기를 얼핏 들은 것도 같으니 분명 작동은 할 것이다. 침침해져 가는 눈을 비비면서 늙은 친구 같은 재봉틀을 살살 달래듯 돌려가며 뭔가를 만드시는 꾸부정한 엄마의 뒷모습이 그려졌다.

엄마가 재봉틀을 처음 배우신 건 초등학교를 졸업하자마자 타지에 나가 어쩔 수 없이 돈을 벌어야 했기 때문이었다. 또래들은 교복을 입고 상급 학교에 다닐 때, 더 이상 학교에 다니지 못하고 일을 하는 게 참으로 서러웠다고 하셨다. 마음껏 먹지 못해 배고픈 것보다 마음껏 배우지 못해 마음이 허기진 게 더 힘들었다고, 그건 지금도 잊히지 않는다 하셨다. 서러운 시작이었지만, 재봉틀이 엄마를 의상실 '사장'으로 만들어 주었고 외갓집을 지탱해 주었고 우리 삼 남매를 넉넉하게 키워 냈다. 자식들의 더 나은 교육을 위해 의상실을 접고 도시로 이사를 할 때에 엄마는 쓰시던 재봉틀 하나만은 챙겨 오셨다. 엄마는 그 재봉틀로 하늘거리는 커튼이며, 폭삭한 침대보며, 색색의 방석을 척척 만들어 내셨다. 그야말로 재봉틀은 엄마의 만능 해결사였다.

남겨진 엄마의 낡은 재봉틀을 보면서, 갑자기 재봉틀 쓰는 법을 배워보고 싶다는 생각이 강렬하게 들었다. 몇 달 후 회사를 그만두었을 때, 제일 먼저 한 일이 재봉틀 수업에 등록한 것이다. 수업 시간에 쓰는 재봉틀은 엄마의 구식 수동 재봉틀과는 달리 최신식 자동에다 가정용이라 훨씬 간단하게 사용할 수 있는 기계였다. 그런데도 '일머리 없고' '똥손'인 나에게는 너무나 복잡하고 어려워서 친절한 강사의 말을 도무지 따라갈 수가 없었다. 자주 머리가 하얘지고 등에 땀이 났다. '이게 이렇게 어려운 일이었던가?' 하고 싶은 공부도 못하고 타향살이하는 설움을 누르며 재봉틀을 돌려야 했던 어린 소녀의 고단한 등이 그제야 보였다.

몇 번의 힘든 수업 끝에 마침내 장바구니 하나를 간신히 만들 수 있었다. 최신식 자동 재봉틀로도 겨우 흉내 낸 솜씨였으니, 엄마의 낡은 수동 재봉틀을 내가 다시 돌릴 수 있을 거란 기대는 이제 실현 가능성이 거의 없는 희망으로만 남겨두어야 할 것 같다.

그 날이 올 때까지, 엄마의 친구 같은 낡은 재봉틀을 열심히 닦고 잘 살펴주리라 다짐해 본다.

## 엄마 꿈, 엄마의 꿈


엄마가 돌아가신 후, 가족 중 누구의 꿈에도 엄마가 나타나지 않아서 모두들 애가 탔다.

그러던 어느 날, 드디어 내 꿈에 엄마가 나타나셨다. 안타깝게도 엄마 꿈을 꾸었다는 것 외에는 구체적인 내용이 도통 생각나지 않았지만, 엄마가 편하고 즐거워 보이셨다는 느낌만은 잠이 깨고 나서도 또렷했다. 꿈에서 엄마가 평안해 보였다는 얘기에 가족들 모두 안도하고 기뻐했다.

어릴 때부터 "큰딸은 흰 가운, 작은딸은 검은 가운, 아들은 흰 가운이든 검은 가운이든 원하는 대로 입혀야지" 하는 엄마의 말씀을 쭉 듣고 자랐다. 배움이나 경험이 좁은 엄마의 세계에서는 제일 인정받고 성공한 직업이 의사와 판사였을 것이다. 언니는 엄마의 바람대로 의사가 되었으나, 나는 엄마의 바람을 이루어 드리지 못했다. 법대에 낙방하고 재수를 하기 싫어 2지망으로 지원한 경영대를 고집해서 갔다. 엄마는 내심 내가 경영대에 들어가서라도 사법고시 준비를 하길 바라셨으나, 엄마의 소망을 고분고분하게 받들기에 나는 이미 머리가 너무 굵어져 있었다. 불똥은 엉뚱하게도 남동생에게 떨어져 결국 남동생이 법대를 감으로써 엄마의 바람은 절반만 이루어졌다.

대학을 내 마음대로 간 이후 나는 내 삶과 관련된 어떤 크고 작은 의사 결정도 부모님과 사전 상의를 하지 않았다. 대학원에 진학을 하든, 직장을 옮기든, 외국으로 나가든, 결혼을 하든, 부모님께는 항상 사후 통보를 하는 식이었다. 후에 안 일이지만, 이런 나를 엄마는 꽤 씁하다기보다는 섭섭해하셨다고 한다. "무식한 엄마라 무시하는 거다"라는 오해를 품고 사셨을 걸 생각하면, 철없던 내가 사무치게 후회된다.

그러나 가장 후회되는 건, 엄마가 살아 계실 때 제대로 해보지 못한 엄마와의 대화다운 대화이다. '흰 가운, 검은 가운' 하시던 엄마의 바람을 속물근성이라고 치부하고 말 것이 아니라, 실은 '흰 가운이나 검은 가운'을 입고 사회에 당당히 영향력을 발휘하는 것이 엄마 스스로가 이루고 싶은 꿈이 아니었는지, 그 마음을 함께 나눠보는 대화를 진작 했어야 했다. 엄마를 그리워할수록 미처 하지 못한, 어쩌면 수많았을 잃어버린 대화들이 아쉽다.

뒤늦게, 엄마와의 '꿈의 대화'를 간절히 소망해 본다. 다음번에 엄마가 꿈에 나타나시면 꼭 물어보리라.

"엄마, 엄마는 다시 태어나면 뭐가 되고 싶어?"라고.

## 화양연화


친정집에서 제대로 정리되지 않고 여기저기 흩어져 있던 사진들을 모아 정리하다가, 내가 알지 못했던 엄마의 모습을 보게 되었다.

온통 하얗게 눈 덮인 산 정상에서 빨갛고 노란 원색의 등산복과 방한모자로 온몸을 단단히 싸맨 상기된 여인들이 있었다. 그 사진 속에서 엄마의 미소는 유난히 빛났다. 엄마가 등산을 좋아하셨다는 걸 이전에는 알지 못했기에 등산복 입은 엄마의 모습이 낯설었다.

무대 위, 알록달록 다채로운 한복을 입고 열심히 노래를 부르는 합창단 사이에서, 노란 한복에 악보를 손에 든 엄마의 모습은 사뭇 진지해 보였다. 나는 엄마가 노래하시는 걸 들어본 적이 없고 합창단 활동을 꽤 오랫동안 열심히 하셨다는 것도 전혀 몰랐다.

대학 시절부터 집을 떠나 따로 살기 시작한 이후로 나의 삶에 골몰하느라 부모님과 같이 보내는 시간이 거의 없었고, 두 분만의 일상을 딱히 궁금해하지도 않았던 탓이다. 나의 '엄마'이기 전에 엄마도 가족 이외의 사람들과 어울리고 배우고 성취하면서 행복을 느끼는 '인간'이라는 사실을 별로 의식하지 못했던 거다.
내가 알지 못하는 사람들 속에서 환하게 웃고 있는 엄마의 사진들을 보며 왈칵 눈물이 쏟아졌다. 슬픔이나 그리움이 아니라, 비로소 느끼는 안도와 기쁨의 눈물이었다. 엄마도 한 인간으로서 자신의 인생을 풍부하고 열정적으로 사셨을 거라는 생각에… 엄마가 더 살기를 거부하고 스스로 이 세상을 등졌을 때 내가 느꼈던 한없는 안타까움과 죄책감이 조금이나마 가벼워지는 느낌에….

언젠가 아버지와 둘이 식사하면서 슬쩍 여쭤봤다.

"엄마의 화양연화는 언제였을까요?"

아버지는 잠깐의 망설임도 없이 대답하셨다. 마치 엄마 생전에 이미 얘기를 나누시기라도 한 듯이.

"네 언니가 뱃속에 생겨서 할아버지 할머니로부터 결혼 승낙을 받았을 때 엄마가 제일 행복했고, 네 남동생이 태어나서 집안의 장손을 할아버지 할머니한테 안겨드렸을 때 엄마가 제일 떳떳했고, 네가 서울대에 들어가서 교육 못 받은 엄마의 서러움을 풀어줬을 때 엄마가 제일 뿌듯했다. 너희 삼 남매는 각자 그렇게 엄마한테 할 효도를 다했다. 그러니, 너희들 엄마한테 죄책감 가지고 살지 마라."

자식들을 위로하기 위해 순전히 아버지 식으로 지어낸 '엄마의 화양연화'일지라도 나도 간절히 그렇게 믿고 싶었다. 우리 삼 남매는 엄마의 가장 아름답고 찬란한 꽃이었다고. 왈칵 쏟아지려는 눈물을, 씹고 있던 밥알과 함께 꿀꺽 삼켰다.

## 스마트폰과 엄마

**2017년 12월, 아버지에게 스마트폰이 생기다**
언니가 아버지의 피처폰을 스마트폰으로 변경해 드린 날, 그동안 남매들만 쓰던 카카오톡 대화방에 아버지를 초대했다. 아버지는 카톡을 쓰시는 게 힘드셨는지, 거의 1년 동안은 대화를 읽기만 하고 직접 참여하지는 않으셨다.

그래도 자식들의 카톡 대화를 읽는 것만으로도 아버지와 엄마는 충분히 좋아하셨다. 전화에서는 잘 하지 않는 얘기도 카톡 메시지로는 곧잘 오갔고, 자식들이 종종 올리는 사진은 떨어져 사시는 두 분에게 큰 기쁨을 주었던 모양이다. 참 신기하고 편리한 세상이라고 하셨다.

### 2018년 12월, 아버지가 첫 카톡을 보내다

엄마의 잔소리에 떠밀려 겨우 카톡 사용법을 익힌 아버지가 짧은 문장으로 대화에 참여하기 시작하셨다. 주로 엄마가 가족들에게 말하고자 하는 메시지를 대표로 전달하는 식이었다.

호기심도 많고 욕심도 많은 엄마가 아버지를 통해 간접적으로만 스마트폰을 접하는 게 답답하셨는지, 자신도 스마트폰을 써볼까, 라고 넌지시 떠보듯이 말씀하셨을 때 식구들은 대체로 시큰둥하게 반응했다. 어차피 카톡 대화는 아버지 스마트폰으로 보시면 되고, 인터넷을 쓰실 것도 아니고 전화만 주고받을 거라 굳이 스마트폰은 필요 없다는 합리적인 듯하지만 지극히 얄미운 이유였다.

### 2021년 1월, 엄마도 스마트폰을 장만하다

자식들의 무심함에 지친 엄마가 아버지를 채근해서 직접 스마트폰을 마련하신 건 그러고도 2년이 훌쩍 지난 후였다.

엄마가 처음으로 직접 가족 대화방에 글을 남겼을 때, 겸연쩍은 자식들은 "축! 엄마 카톡 입성!"이라며 호들갑을 떨었다. 주위의 다른 친구분들은 용량도 크고 해상도도 높은 스마트폰으로 사진을 주고받을 때, 엄마는 피처폰이라 그걸 못해서 내심 오랫동안 속상하셨다는 걸 미처 몰랐다. 엄마가 가족뿐 아니라 다른 사람들과도 카톡으로 뭔가를 열심히 주고받는 걸 보고서야 때늦은 반성을 했다. 하지만 그것도 잠시였다. 엄마가 사용법을 이것저것 물어오실 때 좀 더 친절하게 가르쳐 드려야 했는데 그러질 못했다. 목소리가 높아지고 짜증이 섞이고 대충대충 설렁설렁 답하곤 했다. 분명 섭섭했을 텐데, 엄마는 배우는 재미에 그런 티도 안 내셨다.

## 2023년 7월, 엄마가 카톡 방에서 사라지다

경황없이 엄마의 장례를 치르고 나서, 미처 부고를 알리지 못한 분들에게 엄마의 죽음을 뒤늦게라도 알리기 위해 엄마의 카톡을 들여다보았다. 거기에 엄마가 있었다. 내가 모르는 엄마의 시간과 마음이, 엄마의 매일이 거기 고스란히 있었다.

얼마 후, 자식들이 차마 해지하지 못하고 그대로 두고 있던 엄마의 번호를 아버지가 직접 해지하셨다고 했다. '엄마'는 그렇게 카톡에서 사라졌다. 예전 가족 카톡 대화방의 '엄마'는 이제 '알 수 없음'으로 남아 있다.

친정집에서 서랍장 정리를 하다 아버지가 고이 넣어두신 엄마의 단말기를 발견했다. 번호는 어쩔 수 없었지만, 차마 단말기까지 보내지는 못하셨나 보다.

순간 눈가가 뜨거워졌다. 시도 때도 없이 눈물이 차오르는 걸 어쩌지 못하는 요즘이다.

## 듣고 싶은 목소리

우연히 TV를 켰다가, 불의의 사고로 세상을 떠난 아나운서의 20주기 특집 방송을 보게 되었다.
나와 비슷한 연배이기도 하고 당시 즐겨 듣던 라디오 프로그램을 진행한 이였기에, 반가운 마음에 채널을 고정하고 보았다. 방송에서는 그녀가 생전에 진행하던 라디오 영화 음악 프로그램이 팟캐스트에 모두 올라와 있고, 예전부터 그녀의 팬이었던 사람들뿐만 아니라 그녀 사후에 태어난 젊은 사람들 사이에서까지 그녀가 새롭게 인기라고 했다. 그 말을 듣고 있자니 한 가지 의문이 들었다. 방송국에서 20년 전 프로그램도 일일이 다 녹음을 해서 보관해 두나? 그건 아니라고 했다. 그렇다면 그녀의 프로그램이 어떻게 온전히 팟캐스트에서 재생될 수 있었지? 그 의문도 곧 풀렸다. 그녀의 아버지가 딸이 매일 하는 방송을 빠지지 않고 모두 녹음해서 보관해 두었고, 그걸 다시 일일이 디지털화해 팟캐스트에 올린 것이다. 아, 사랑과 집념의 아버지가 20년 후에 딸을 이 세상에 화려하게 부활시킨 거였구나.

엄마 목소리가 불현듯 듣고 싶을 때가 있다.
"엄마~" 하고 부를 때 "왜~?"라고 대답하시던 목소리, 평소에 전화 잘 안 한다고 늘어놓으시던 잔소리, 겸연쩍을 때 살짝 웃으시던 웃음소리, 뭔가 신기한 걸 보았을 때 손뼉을 치시며 "아이고~" 하고 말꼬리를 올리시던 엄마의 감탄사 소리. 별 특별할 것 없던 엄마의 "별일 없제?"를 들으면 왠지 별일도 별일이 아니게 될 것 같은데, 이제는 더 이상 들을 수가 없다. 내 전화기에 남아 있는 엄마의 메시지나 사진으로는 결코 다시 재생할 수 없는 엄마 목소리를.

언젠가 어떤 글에서 저자가 '사랑을 남겨 두기 위해서 부모의 목소리를 녹음해 둔다'는 얘기를 읽은 적이 있다. 읽을 때는 '신박한 아이디어네' 하며 나도 그렇게 해야겠다고 생각했지만, 책장을 덮었을 때는 이미 잊어버리고 말았다.

얼마 후 엄마가 이리 훌쩍 떠나버리실 줄 누가 알았겠는가.

온통 후회되는 것투성이다.

## 엄마 반지는 내 꺼

또래보다 10여 년은 늦은 결혼을 하면서 결혼 예물이란 걸 서로 주고받지 않기로 남편과 결정하고 양가 부모님께는 통보만 했었다. 엄마는 그걸 두고두고 서운하게 생각하셨다. "내 딸이 뭐가 못나서 다이아몬드 반지는 고사하고 금반지 하나 못 받고 결혼을 하냐"라고. 그도 그럴 것이 당시는 양가가 서로 예물을 주고받고 신부집에는 '함'을 보내는 것이 일반적인 시절이었으니 충분히 그러실 만했다. 멀리 갈 것도 없고 15년 전 두 살 위 언니가 결혼할 때는 함잡이 행사까지 있었는데, 한참을 기다려 하는 둘째 딸의 결혼이 너무 조촐하니 엄마 입장에서는 섭섭함이 더했을 것이다.

물욕이 크게 없는 나는 나 자신에게나 부모에게나 인색한 줄도 모르고 인색했다. 반면, 예쁘고 새로운 걸 좋아하는 언니는 온갖 좋다는 걸 때마다 부모님께 챙겨 드렸다. 나는 멋대로 편하게 생각했다. 내가 둘째라서 얼마나 다행인지, 그런 언니가 있어서 얼마나 다행인지 모른다고.

그런데 물욕이 없기는 엄마도 마찬가지여서, 내가 아는 한 엄마에게 보석은 50대쯤부터 늘 끼고 있던 루비 박힌 금반지가 유일하다. 엄마 살아 계실 때 농담 삼아 "엄마, 엄마 그 반지 나중에 나 줘. 엄마 반지는 내 꺼 할래"라고 말하곤 했었다. 그러면 엄마는 "돈 버는 딸년이 엄마한테 좋은 반지를 사주지는 못할망정, 오히려 달라고 하니 완전 도둑년일세. 비싸지도 않은 구식 반지가 뭐가 좋다고. 너는 더 좋은 거 껴라"라며 타박하면서도 결코 싫지 않은 내색으로 웃곤 하셨다.

엄마가 늘 끼고 다니셨던 그 반지를 이제 내가 끼고 다닌다. 결혼반지조차 하지 않았던 내가 엄마의 반지는 절대 손에서 빼지 않는다.

엄마 돌아가시고 나서 유품을 정리하는데 엄마가 끼고 계셨던 반지 외에는 정말이지 다른 값나가는 것이라곤 찾으려야 찾을 수가 없었다. 어느 날 문득 언니에게 미안한 마음에 "엄마의 유일한 반지를 내가 낀다고 했을 때 언니 네가 섭섭하지 않았어?"라고 소심하게 카톡으로 물었었다. 언니에게 즉시 답이 왔다.

"전혀! 네가 그걸 원할 때 뭐랄까, 참 좋았어. 안심되고."

언니는 역시 언니였다.

## 미역국은 먹었나?

엄마가 돌아가시고 나서 처음 맞는 내 생일, 아침부터 내내 서러운 마음이 밀려왔다.

53년 전 오늘, 뜨거운 여름날. 세 들어 사는 작은 문간방에서 힘겹게 해산을 한 엄마는 '고추 달고' 태어나지 않은 나를 옆으로 밀쳐놓고 젖도 제대로 물리지 않았다. 종갓집 맏며느리로서 면목이 없다며 몸조리를 위한 미역국도 드시지 않았다. 두 해 먼저 태어난 언니는 '첫딸은 살림 밑천'이라는 집안의 인정과 '첫 손주, 조카'라는 양가의 관심으로 반짝반짝 빛나는 어린 시절을 보냈지만, '또 딸'인 나는 남동생을 보라는 염원을 담아 "놈이"로 불리며, 첫딸 "주야(공주의 애칭)"와 맏아들 "장군" 사이에서 지질한 어린 시절을 보냈다. 언니와 동생의 백일 사진, 돌 사진이 잘 정돈되어 있는 앨범에서 나의 어릴 적 독사진은 찾아볼 수 없었고, 삼 남매가 같이 찍힌 사진에는 애교스런 표정의 언니와 당당한 포즈를 한 동생의 한 발 뒤에 엉거주춤 서 있는 못난 내가 있었다.

상황이 바뀌기 시작한 건 내가 열한 살이 되던 해, 가족이 대구로 이사한 후였다. 의상실 사장으로 밤낮을 억척스럽게 일하시던 엄마가 이사를 하며 전업주부로 새 삶을 시작하시게 되었다. 그동안 제대로 챙기지 못했던 못난이가 마음에 걸리셨던 걸까? 엄마는 그때부터 유별나게 내 생일을 챙기셨다. 생일파티라는 게 흔하지 않던 그 시절에 유독 내 생일에만 친구들을 초대해서 '상다리 휘어지게' 차린 음식을 배부르게 먹이셨다. 그 시절 가족 앨범에는 "왜 둘째 생일만 챙기냐"라고 불만이던 언니와 관심을 독차지하지 못해 뿌루퉁한 남동생이 활짝 웃는 나와 친구들 사이에 끼어 있는 사진들이 곱게 정리되어 있었다.

하지만 엄마가 챙겨주시는 생일 밥을 먹은 것도 그 시절 몇 년 반짝이었다. 삼 남매 중 가장 먼저 부모 품을 떠난 자식인 나는 이후 30여 년을 한 번도 생일이라고 부모님과 같이 보낸 적이 없다. 생일이 되면 엄마는 "타지에서 미역국이라도 제대로 먹고 다니나?"라며 늘 안달하셨는데, 나는 "촌스럽게 생일날 무슨 미역국 타령이냐"라고 타박을 하곤 했었다.

내가 결혼을 하고 나서부터 엄마는 한술 더 떠, 사위 생일에 시어머니까지 신경을 쓰시면서 자식 생일에 원래는 낳느라 고생한 엄마가 잘 먹어야 하는 거라며 "시어머니한테 잘해라"라고 당부하셨다. 그때는 그냥 잔소리로 흘러들었다.

그러나 삼 남매를 모두 한여름에 집에서 낳고 조리 한 번 제대로 못 하면서도 억척같이 의상실 일을 챙겼던 엄마, 그래서인지 나이 들어 산달이 오면 온몸이 아프다는 엄마를, 배 아파 제 자식을 낳아본 적 없는 아둔한 딸은 끝내 제대로 알아주지 못했다.

생일 때마다 "미역국은 먹었나?" 하며 챙겨주시던 엄마의 전화는 더 이상 받을 수 없다. 엄마의 미역국을 이제는 먹을 수 없어서 서럽고, 평생에 단 한 번이라도 엄마에게 미역국을 끓여드린 적이 없다는 게 이제서야 서럽다.
'엄마 없는 하늘 아래', 서럽고 서러운 생일날이다.

## 참외와 고추장아찌

참외를 보면 엄마 생각이 난다. 참외는 엄마가 가장 좋아하시던 과일이다. 가난했던 어린 시절, 남의 참외밭에서 탐스럽게 익은 참외를 보며 얼마나 먹고 싶었는지 모른다고 하셨다. 하지만 먹을 형편이 못 되었기에, 한이 남은 과일이라 하셨다.

국수를 먹을 때도 엄마의 말이 생각 난다.
"난 국수 싫다."
아버지가 별미라고 좋아하시는 국수를 어쩔 수 없이 가끔 같이 드시기는 했지만, 배고팠던 시절 날마다 먹던 국수가 지긋지긋했다고 하셨다.

"엄마가 좋아하시던 오이소박이를 많이 담갔는데, 엄마가 안 계시니 너라도 많이 먹어라."
언니가 올해도 오이소박이를 잔뜩 담갔다. 엄마가 좋아하시는 오이소박이를 엄마가 서울에 오실 때마다 챙겨서 담가놓던 언니였다. 나는 이제 엄마 집에 가지 않아도 언니네에서 오이소박이를 실컷 먹을 수 있게 되었다.

백화점 지하 식당가를 걷다가 철판볶음밥 가게를 지나쳤다. 혼자 자취하며 직장을 다니던 시절, 엄마가 서울 오셨을 때 백화점 지하에서 해물 철판볶음밥을 같이 먹은 적이 있다. 그때 엄마는 철판볶음밥을 처음 먹어본다며 정말 맛있게 드셨다. 그 후로 엄마가 서울에 오실 때마다 모녀의 단골 외식은 겨우 백화점 지하 해물 철판볶음밥이었다.

엄마의 부엌 여기저기를 살피다 김치냉장고 아래 칸 깊숙한 곳에서 묵직한 반찬통을 발견했다. 뚜껑을 열어

보니, 한 통 가득 고추장아찌가 담겨 있었다. 엄마가 돌아가시고 나서는 만들거나 산 적이 없는 반찬이었으므로, 분명 생전 엄마가 만들어 놓으신 장아찌임이 틀림없다. 그렇다면 얼추 1년은 넘었을 텐데 신기하게도 아직 아삭아삭한 게 맛이 좋았다.

그릇 가득 장아찌를 넉넉히 담아서 식탁에 내놓았다. 아버지는 고추장아찌에 젓가락을 거의 대지 않으셨다.

"아버지, 냉장고에 고추장아찌 엄청 많이 있던데… 안 드시는 거예요, 못 드시는 거예요?"

"네 엄마가 고추장아찌 참 좋아했다…."

목멘 소리로 눈두덩이를 비비신다. 엄마가 고추장아찌를 좋아하셨다는 건 처음 듣는 얘기였다. 역시 내가 알지 못하는, 그러나 아버지는 알고 계시는 엄마에 대한 추억은 많았다.

이 많은 고추장아찌를, 아버지가 목이 메어 못 드시면 엄마와 식성이 닮은 내가 다 먹어야 하나? 맛 좋던 고추장아찌가 왠지 짜게 느껴졌다.

## 엄마는 다 기억해

"보리차만 보면 항상 네가 한 말이 생각이 났다."
늘 몸을 바쁘게 움직이시던 엄마가 완전히 다른 사람이 되어 힘없이 소파에 누워만 계시던 어느 날, 물을 청해 마시며 뜬금없이 말씀하셨다.
"보리차? 내가 무슨 말을 했는데요?"
"너 대학 기숙사에서 살 때, 한여름에 제일 먹고 싶은 게 시원한 보리차 한 잔이라고 했어."
나는 대학 시절 내내 기숙사 생활을 했다. 많이들 하숙이나 자취를 하던 때였지만, 기숙사는 상대적으로 저렴했다. 대신 대규모의 학생들을 수용하다 보니, 지금과는 달리 환경이 열악하고 여러모로 제약이 많았다. 기숙사 건물에 냉장고라는 것이 있지도 않았거니와, 지금처럼 물을 어디서나 쉽게 살 수 있거나 정수기로 편리하게 먹을 수 있는 시대가 아니었다. 그래서 여름에는 시원한 물을 쉽게 마실 수가 없었다. 어느 여름 지나치듯 한 얘기였을 텐데 엄마는 그걸 30년 넘게 기억하고 계셨나 보다.

엄마는 그렇게 엄마의 기억 보따리를 하나둘 풀어놓으셨다.
"아파트 보일러가 고장 났을 때 네가 한겨울 내내 애먹은 거 생각하면 아직도 아치랍다."
직장에 다니기 시작하며 얻은 집이 열 평이 채 안 되는 아주 낡은 아파트였는데, 부엌 베란다를 개조해 만든 욕실이 난방이 되지 않아 날이 추워지면 덜덜 떨면서 샤워를 해야 할 정도였다. 엄마 기억대로, 어느 겨울엔 보일러마저 자꾸 고장이 나서 마침내 집주인이 완전히 교체해 줄 때까지 감기를 달고 살아야 했던 적이 있다.

"그러게. 그냥 이사를 하면 될 걸 그땐 왜 그렇게 미련하게 살았지?"라며 오래된 기억에 나는 피식 웃고 말았는데, 엄마의 표정은 점점 더 진지해졌다.

"한번은 네가 직장 다니면서 하도 힘들어서 봉은사에 앉아서 운 적이 있다고 했어. 자식이 마음고생을 그렇게 하는데 부모가 아무 도움이 못 되는 것 같아서 마음이 아팠다."

주말도 없이 일하던 시절, 일의 양도 양이었지만 맡은 일이 잘 풀리지 않아 마음이 힘들 때였다. 그날도 일요일에 일을 나가야 했는데, 마침 딸 보러 서울에 와 계신 엄마를 모시고 잠깐 사무실 구경을 시켜드린 적이 있었다. 40층 사무실에서 보이는 한강과 남산 전경을 설명하다 바로 아래 봉은사를 가리키며 내가 그런 말을 한 것도 같고 아닌 것도 같은데, 엄마는 내가 자랑하고 싶었던 근사한 사무실 전경이 아니라 잠깐 스치듯 언급한 내 눈물 얘기를 더 깊이 간직하고 계셨던 모양이다.

"엄마는 그게 언제 적 얘기인데 그런 걸 다 기억해요?

나는 까맣게 잊고 있었구만."

"엄마는 다 기억해. 너 혼자 힘으로 여기까지 오느라 얼마나 힘들었겠노. 고맙다, 내 딸. 이렇게 잘 살아줘서…."

아련한 추억을 얘기하다 말고 갑작스런 엄마의 "고맙다"는 말이 왠지 어색해서, 나는 괜스레 딴짓하는 척을 해버렸다.

미국에서 일할 때 부모님이 놀러 오신 적이 있었다. 내가 휴가를 낼 수 있는 형편이 안 되어서 같이 모시고 다니지는 못하고, 미국에서 좋다는 여행지 여기저기를 여행사를 통해 보내드렸다. 그렇게 한 달을 있다 돌아가실 때쯤 되어, 미국에서 다닌 곳 중 어디가 제일 좋았는지 여쭤봤다. 그랜드 캐니언, 나이아가라 폭포, 로키산맥, 타임스퀘어 같은 명소를 말씀하실 줄 알았는데, 부모님은 뜻밖의 대답을 하셨다. "우리 딸이 다니는 회사를 둘러본 게 제일 좋았다. 회사가 무슨 학교

캠퍼스같이 넓고 멋져서 하버드 대학 하나도 안 부럽더라."

사실 당시 나는 회사를 나가는 게 마치 전쟁을 치르는 것 같아 하루하루가 힘겨웠었다. 미국 동부 본사 특유의 경쟁적이고 살벌한 분위기에 주눅이 잔뜩 든 채 지내느라 부모님이 와 계실 때에도 시간적인 여유보다는 정신적인 여유가 없었다. 그런데 그런 내게 딸이 다니는 회사를 둘러본 게 제일 좋았다고, 그런 회사에서 일하는 딸이 자랑스럽다고 하셨다. 부모님이 다녀가신 후에도 상황이 달라진 건 아무것도 없었지만, 두 분이 뿌리고 가신 든든한 에너지로 나는 이후 미국 생활을 더 당당하고 단단하게 버텨낼 수 있었다.

그렇게 부모님은 언제나 나의 열렬한 치어리더가 되어주셨는데…. 엄마가 나한테 고마운 게 아니라, 내가 엄마한테 고마운 건데….

나는 엄마한테 고맙다는 말을 결국 건네지 못했고, 엄마는 훌쩍 가버리셨다.

이제는, 내가 다 기억할 것이다.

엄마의 응원을, 엄마의 사랑을.

엄마가 내 엄마였다는 걸.

## 헤어짐과 배웅

언젠가, 부모님이 집 앞에서 배웅하는 모습을 27년간 사진으로 찍어서 전시를 하고 책으로 엮어낸 미국 작가의 얘기를 읽은 적이 있다. 전시와 책의 제목이 'Leaving and Waving(헤어짐과 배웅)'이었다. 처음에는 두 부모가 함께 배웅하는 모습을, 나중에 아버지가 돌아가시고 나서는 딸을 혼자 배웅하는 어머니의 모습을 쭉 사진으로 남겼다. 마지막으로 찍은 사진은 부모님이 모두 돌아가시고 나서 아무도 없는 텅 빈 집 앞 모습이었다.

나와 엄마의 헤어짐도 친정집 현관에서였다. 그러나 그

마지막은 애틋한 헤어짐과 살가운 배웅이 아니었다.

그날 나는 가사 도우미 문제로 엄마와 한참 실랑이를 했었다. 당시 엄마의 심신 상태가 도저히 집안일을 할 수 없는 상황이었는데도, 외부 도움은 받지 않겠다고 고집을 부리셨다. 엄마를 겨우 달래고 우겨서 부른 도우미 아주머니를 엄마는 내내 못마땅해했고, 급기야는 냉랭하게 말하며 돌려보내셨다. 도우미분에게 민망하기도 하고 엄마의 이해할 수 없는 막무가내식 행동에 지치기도 해서, "이제 나는 모르겠으니 알아서 하시라"라고 짜증을 내며 짐을 챙겨 집을 나섰다. 아버지가 따라 나오시면서 "네가 이렇게 가버리면 안 그래도 불안 증세로 못 자는 네 엄마가 제대로 자겠나? 화 풀고 가라"라고 간곡히 말씀하셨다. 몸이 힘들어 소파에 누워 있던 엄마도 어느새 현관으로 나와서 "미안하다. 나도 내가 왜 이러는지 모르겠다. 네 말대로 하도록 노력해 볼게"라면서 슬며시 화해를 청하셨다. 그러나, 속 좁은 나는 엄마에게 눈길 한번 안 준 채 문을 닫고 나와버렸다. 역에서 서울로 가는 기차를 기다리는 동안 그제야 후회가 밀려왔다. 소심한 마음에 남편에게 전화를 해서 "나 대신 두 분이 괜찮으신지 살펴달라"라고 했다. 남편이 친정집에 전화를 걸어 내가 "아주 죄송해한다"라고 부탁하지 않은 말까지 더했고, 두 분은 오히려 그렇게 화를 내고 가버린 내 걱정을 하신다고 전해주었다. 그것이 엄마와의 마지막 헤어짐과 배웅이었다. 그날 그렇게 화를 내고 나와버린 것, 엄마의 음성을 들으면서 내가 직접 "죄송해요"라고 하지 않은 것은 평생 가슴을 치며 살아가야 할 나만의 회한이다. 그러나 가장 가슴 깊이 후회되는 건, 처음 보는 도우미 아주머니에게 엄마가 상처 주는 말을 할까 전전긍긍하느라 정작 엄마의 심신 상태를 제대로 들여다보지 않았다는 점이다. 결국, 확실한 상처는 내가 엄마에게 남긴 것이다.

친정에 갔다가 서울로 돌아오기 위해 집을 나서는데 아버지가 현관문 앞에서 손을 흔드셨다.

이제 아버지만 남으신 집 앞. 언젠가는 아버지마저 안 계실 그 집 앞. 나는 다시 돌아서서 아버지를 안아드렸다. 못난 딸의 아주 뒤늦은 포옹이다.

## 오월과 엄마

올해도 어김없이 오월이 왔다.
한 지인이 오월의 장미 예찬을 하다가 불쑥 이런 말을 했다.
"진짜 잔인한 달은 사월이 아니라, 오월이야."
이유인즉슨 어린이날, 어버이날, 스승의날, 부처님오신날, 각종 결혼식 등 온통 돈 나갈 일이 많아서란다. 그 말에 피식 웃음이 나왔는데, 마음은 울컥했다.
장미의 계절 오월은 내게도 잔인한 달이다. 정작 돈을 쓰고 싶은, 소중한 그 사람이 이제 곁에 없어서….
엄마의 이상 증세가 점점 심해지면서 극에 달했던 때가 장미가 한창이던 오월이었다.

엄마가 건강하실 때는 직장 생활이 바쁘다는 핑계로 어버이날이 있는 가정의달 오월이라도 일부러 부모님 댁에 방문한 적이 없었다. 엄마가 이상해지시면서, 부모님을 서울로 모셔 오기 전까지 주말마다 부모님 댁으로 내려갔다. 엄마는 심신이 멍한 상황에서도 "바쁜 네가 이렇게 매번 와도 되나?"라며 미안해하셨다. 그러면서도 "엄마 아버지 보러 오는데 기분이 막 설레고 좋던데"라는 내 대답에 두 분이 환하게 웃으며 좋아하셨다. 계속 가라앉는 엄마의 기운을 북돋아 드린다는 생각으로 평소 외식을 전혀 하지 않는 부모님을 모시고 맛집이라는 곳을 찾아다녔다. 차 타는 것도 힘들어하셔서 걸어서 갈 수 있는 곳으로만 찾느라 애를 먹기도 했지만, 의외로 집 근처에 이런저런 맛집들이 있었다.

그러나 엄마는 생각했던 것보다도 훨씬 더 못 걸었고, 훨씬 더 못 드셨다. 자식들과 하는 모든 걸 좋아하시던 엄마가 흥을 보이지 않았다. 나는 엄마가 어떤 세상 속에서 힘들어하는 줄 모르고 내 마음을 몰라준다고 속상해서 골이 났다. 그리고 결코 해서는 안 될 말을 했다.
"엄마는 손이 너무 많이 가요. 그거 알아요?"
엄마는 텅 빈 표정으로 나를 한참 바라보다 고개를 떨구셨다. 내가 식삿값을 치르는 동안, 길 나서기 전에 화장실을 꼭 들러야 하는 아버지도 기다리지 않고 엄마는 먼저 나가셨다. 장미 넝쿨이 흐드러지게 늘어서 있는 한낮의 골목길을 혼자서 휘청휘청 걸어가던 엄마의 뒷모습. 그 모습이 아직도 가시처럼 가슴에 콕 박혀 있다. 내가 엄마의 고통을 제대로 보지 못하고 헤매는 사이 엄마는 그렇게 영영 가버리셨다. 오월의 장미가 채 지기도 전에.

그때 얼른 엄마를 쫓아가 가만히 손잡고 같이 걸었더라면, 지금쯤 엄마는 이 붉고 찬란한 오월을 다시 맞이할 수 있었을까.

슬프고 그립고 쓸쓸한 오월이다.

## 나만의 메모리얼 데이

오늘은 현충일이다.

현충일을 영어로 'Memorial Day'라고 한다는데…

작년 이후로 이제 유월 6일은 나만의 'Memorial Day'가 되었다.

엄마를 마지막으로 본 날.

엄마와 싸우고 끝내 미안하다는 말을 못 한 날.

엄마 한 번 안아주고 가라던 아버지 말을 무시하고 그냥 뒤돌아 나온 날.

그래서 평생을 기억할 수밖에 없는 날.

그렇게 평생을 기억해야만 하는 날.

나만의 'Memorial Day'.

다시 되돌릴 수만 있다면, 미안하다고 사랑한다고 엄마의 작고 야윈 등을 꼭 안아주고 싶은 날.

나만의 'Memorial Day'.

그랬다면, 엄마가 사는 쪽을 택하지 않았을까, 가슴 치며 후회하지 않아도 되는 날.

나만의 'Memorial Day'.

## 2부

# 추억하다

## 다음 생엔 무조건 엄마 편

"아이고~ 저 못된 년…."
내가 서울에서 혼자 자취하던 시절, 엄마는 서울에 한 번 다녀가실 때마다 나에 대한 섭섭함과 서운함을 잔뜩 안고 돌아가 아버지에게 하소연하셨다고 한다.
엄마는 오랜만에 만나는 딸과 이런저런 얘기도 하고 싶었을 텐데, 나는 내 얘기를 미주알고주알 하는 것은 고사하고 엄마가 하시는 얘기를 잘 들어주지도 않았다. 요즘 유행하는 성격 유형 검사 MBTI로 말하자면 나는 극단적인 사고형(Thinking)이라, 입바른 소리나 할 줄 알지 엄마의 마음을 헤아리고 공감해 주는 딸이 아니었다.
엄마가 친척이나 동기 간에 있었던 일에 대해 뭐라고

넋두리를 할 것 같으면, "별것도 아닌 걸 가지고 뭘 그래요?"라고 대수롭지 않다는 듯 대응하거나, "엄마도 잘한 건 없네"라며 정이 뚝 떨어지는 소리를 잘도 해댔다. 그러면 엄마는 "아이고~ 저 냉정한 년. 내가 말을 말아야지" 하고 돌아서서 일만 하다 가셨다. 나는 "엄마가 진짜 속상했겠다"라고 추임새를 넣거나 "그 사람은 엄마한테 왜 그랬지? 정말 나쁜 사람이네"라며 맞장구를 쳐주는 다정한 딸의 역할은 조금도 하지 않았다. 나는 "저 못된 년, 저 냉정한 년"이라고 하셔도, 결국 엄마는 나를 이해하고 항상 내 편이 되어줄 거라 믿었다. 엄마니까…. 그러나 정작 나는, 엄마를 이해하려 애쓰지도, 엄마 편이 되어주려 하지도 않았다. 엄마 딸이면서도….

엄마의 마지막 몇 달, 눈에서 생기가 빠지고 한없이 무기력하고 불안해하던 그 시기에, 엄마는 자신이 인생을 너무 각박하고 인색하게 산 것이 후회된다고 평소 하지 않던 말씀을 한 적이 있었다. 나는 엄마가 어떤 마음으로 저런 말씀을 하실까에 대해서 잠깐이라도 궁금해하지 않고 늘 하던 대로 "그러게 왜 그렇게 사셨냐?"라고 무심하게 퉁박을 주고 말았다. 그때 엄마의 쓸쓸히 흔들리던 눈이 잊히지 않는다. 뭔가 말을 하려다 만 엄마의 그 입술도….

이후로도 엄마가 계속 이상한 행동과 말씀을 하실 때 "엄마, 정신 차려"라며 정색을 하고 다그치기만 했지 그게 엄마도 어쩔 수 없는 섬망 증세일 수 있다는 걸 알지 못했다.

엄마가 밥 짓기도 청소도 빨래도 아무 일도 못 하겠다면서도 정작 가사 도우미의 도움은 받지 않겠다고 완강히 버티실 때, 나는 "돈 아끼려고 저렇게 궁상을 떨면서 고집을 피우시네"라고 화를 내기만 했다. 엄마 돌아가시고 나서 얼마 후에 작은고모가 지나가듯 얘기하셨다. "너네 엄마가 아끼고 사느라 부엌살림 하나 번듯한 게 없는데 그걸 보고 없이 산다고 엉뚱하게 자식들 욕

먹일까 봐 가사 도우미도 못 부르겠다고 하시더라."
아, 나는 끝내 마지막까지도 엄마를 이해하려고 하지 않았던 것이다.
평생을 가족만 보며 가족을 위해 살아오신 엄마가, 정작 본인에게 가장 도움이 필요할 때 나는 엄마를 안아주고 보듬어 주지 못했다. 엄마는 그런 딸을 보며 얼마나 서운했을까? 얼마나 많이 외로웠을까?

'엄마, 다음 생엔 무조건 엄마 편이 될게요.
아니, 엄마 지금 계시는 그곳에서 혹시라도 속상하고 서러운 일 있으면 꿈에라도 와서 얘기해 주세요. 엄마 말에 누구보다도 귀 기울이고 엄마 마음을 시원하게 알아주는 착한 딸이 될게요.
너무 많이 늦어버렸지만…
그때는 절대로 엄마를 외롭게 두지 않을게요.'

## 내 속엔 내가 너무도 많아

"꼭 저 같은 자식을 낳아봐야 부모 마음을 알지."
엄마 살아 계실 적에 엄마로부터 내가 가장 많이 들은 말 중에 하나가 아닌가 싶다. 언니나 남동생에게는 잘 안 하시던 푸념이었다.
공교롭게도 형제 중 나만 자식이 없어 부모 된 마음을 제대로 알 기회가 없었다. 엄마가 갑자기 돌아가시지 않았다면 아마도 나는 끝까지 부모 마음을 알지 못하는 철부지 딸로 남았을 것이다. 엄마를 그렇게 보내고 나서야 엄마와의 지난날들을 돌아보는 시간이 많아졌고, 그제야 '그때 엄마는 어떤 마음이었을까?'를 되짚어 보게 되었다. 엄마 입장에서 섭섭했을 일이 한두 가지가 아닐 터이지만 유난히 마음에 걸리는 일 몇 가지가 새록새록 떠오른다.

내가 스무 살 대학생이 되던 해, 이불 보따리 옷 보따리를 잔뜩 나눠지고 엄마와 나는 기차를 타고 서울에 왔다. 다음 날은 입학식이었고, 그 전날 기숙사에 입소해야 했다. 그때만 해도 편하게 짐을 싣고 올라올 자가용도 없고 빠르게 서울로 올 수 있는 고속 열차도 없던 시절이라, 새벽부터 서둘렀지만 기숙사에 도착해서 짐을 부려놓았을 때에는 이미 날이 어둑어둑했다. 기숙사 규정상 엄마가 같이 묵을 수도 없었고 낯선 곳이라 같이 식사를 할 수 있는 식당을 찾을 생각도 못 해서, 그 늦은 밤에 밥도 못 먹고 엄마만 혼자 돌아가셔야 했다. 이월 말 꽃샘추위에 찬바람이 불어오는 어두운 저녁, 기숙사 입구 마을버스 정류장에서 딸과 둘이 서서 버스를 기다릴 때 엄마는 무슨 생각을 하셨을까? 품 안의 자식을 처음으로 떼어놓고 혼자 돌아가시는 엄마의 마음을 헤아리기에, 나는 서울살이에 한껏 들뜬 철모르는 딸이었다.

그로부터 6년 후, 내 대학원 졸업식을 위해 부모님이 서울에 올라오셨다. 그때의 나는 몸은 비쩍 마르고 마음은 버석거릴 정도로 메말라 있었는데, 지금 생각하면 그 나이대의 젊은이라면 누구나 겪을 법한 고만고만한 문제들로 세상 고민을 혼자 다 하고 있었던 것 같다. 내 속에 너무 빠져 있느라 내가 다닌 학교에 처음 와보신 아버지에게 교정을 구경시켜 드린다거나, 서울에 모처럼 오신 부모님께 맛있는 저녁을 대접한다거나 하는 기특할 것도 없는 기본적인 생각을 눈곱만큼도 하지 못했다. 자식의 졸업을 축하해 주러 오셨던 두 분이 얼마나 속상했을 것이며, 내려가는 기차 안에서 또 내 걱정을 얼마나 하셨을 것인가를 생각하면 아직도 마음 한편이 아린다.

대학원을 마치고 취직을 할 때, 누구나 다 알만한 대기업에 가지 않고 당시에는 사람들에게 잘 알려지지 않았던 컨설팅 회사를 선택했다. 첫 월급을 받았는데, 학교를 다니면서 학생 가르치는 아르바이트를 여러 개 할 때 벌던 액수보다도 적었다. 안 그래도 '듣보잡' 회사라고 은근히 걱정하시던 부모님께 월급에 대해서 말씀을 드리기가 민망할 정도였다. 첫 월급 타면 부모님께 빨간 내복을 선물하는 것이 공식이던 그 시절에, 월급에 대해서 알면 오히려 속상하실 거라는 참으로 어리석은 생각으로 첫 월급날 즈음하여 아예 연락을 안 드리는 만행을 저질렀다. 나는 그렇게 '지금껏 잘 키워주시고 뒷바라지해 주셔서 감사합니다'라는 말을 할 수 있는 최적의 타이밍을 놓친 후, 평생 그 말씀을 드리지 못하고 말았다.

아아, 속절없는 마음에 오래된 노래 가사만 종일 입가에 맴돈다.

"내 속엔 내가 너무도 많아 당신의 쉴 곳 없네. 내 속엔 헛된 바람들로 당신의 편할 곳 없네."

## 아버지의 은퇴

새천년이 되던 해, 아버지는 35년 교직 생활을 마치고 은퇴하셨다. 정년퇴직까지는 아직 몇 년이 남아있었지만, 삼 남매 모두 학업을 마쳐 더는 자식을 부양해야 하는 의무도 없고 두 분의 생활은 연금으로 큰 무리가 없었기에, 조금 일찍 그만두는 것이 학생들이나 후배 교사들을 위해서도 좋은 시기라고 판단하셨던 것 같다. 아버지가 은퇴하기로 하셨다는 얘기를 엄마로부터 전해 들었을 때, 사실 나는 별 감흥이 없었다. 당시 일을 시작한지 얼마 되지 않은 내게 은퇴는 실감이 나지 않기도 했고, 아버지에게 직장과 일이 무슨 의미인지 생각하기보다 나에게 직장과 일이 무슨 의미인지 좇느라 바빴다. 30여 년의 내 수고로운 직장 생활 동안 선배나 상사들이 은퇴하는 이런저런 자리에 꼬박꼬박 참석해서 축하도 하고 덕담도 했지만, 정작 내 아버지의 35년 노고에 대한 마음을 한 번도 표현한 적 없다는 생각은 미처 하지 못했다.

아버지의 은퇴를 돌아보게 된 것은 우연한 계기였다. 퇴직을 앞둔 경찰관 아버지에게 광고 일을 하는 아들이 게시한 버스 정류장 광고가 SNS에서 화제가 된 적이 있었다. 광고판에는 '아버지, 당신의 은퇴가 아쉬움보다 환희로 가득했으면 좋겠습니다' '여기 한 남자의 미래를 응원해 주세요'라는 문구와 함께 경찰 제복을 입은 중년 남성의 모습이 담겨 있었다.

오십 줄에 이른 철없는 늙은 딸은 20대 청년의 기특하고 기발한 사연을 보고서야 '아!' 하는 깨달음을 얻었다. 한 집안을 이끌어 나가는 가장의 은퇴는 평생의 수고로움과 고생의 짐을 벗어놓는 순간이자 감사받고 축하받아 마땅한 일인데, 내 아버지는 애써 키워낸 자식들로부터 어떤 감사와 축하도 받지 못하셨다. 나는 막 회사를 옮겨서 새롭게 자리를 잡느라, 언니는 전문의 과정을 마치느라, 동생은 한창 고시 공부를 하느라 아버지의 은퇴를 챙길 정신적인 여유가 없었다. 아니다. 여유가 없었다고 하기엔 너무 옹색하다. 감사 전화 한 통 못할 정도는 아니었다. 꽃바구니 하나 배달시키지 못할 정도는 아니었다. 그냥 무심했던 것이다. 그냥 철이 없었던 것이다.

이제 와서 새삼, 35년을 하루도 거르지 않고 출근하던 직장을 그만둔 아버지는 어떤 기분이었을지, 35년을 하루도 거르지 않고 아침밥을 챙긴 엄마는 아버지에게 어떤 말씀을 해주셨을지 궁금하다. 아버지가 은퇴하신 날 두 분은 어떤 저녁을 보내셨을까? 성실하고 한결같은 시간 동안 짊어 메고 계셨던 가장이라는 의무의 무거움과 고단함을 마침내 벗어놓고 맞이한 다음 날 아침을 두 분은 어떻게 보내셨을까?

부모님을 모시고 울진을 짧게 여행했을 때가 기억난다. 대게 축제 기간의 여행인지라 맛집을 찾는 데만 정신이 팔린 나에게 아버지는 뜬금없이 울진에 있는 어느 중학교를 가보고 싶다고 하셨다. 그제야 아버지가 사범대학을 졸업하고 교사로 처음 발령을 받은 곳이 울진이라고 말씀하셨던 게 생각이 났다. 총각 선생으로 몇 년을 지내다 엄마와 결혼식을 올리시고, 달리 신혼여행이랄 것도 없이 자취방에서 엄마와 신혼 생활을 시작한 곳이 울진이었던 것이다. 그렇게 되짚어 찾아간 울진 후포중고등학교 교문 앞에서 아버지와 엄마가 두 손을 꼭 잡고 찍은 그날의 사진을 보노라면, 20대의 신혼 시절로 돌아간 듯 상기된 얼굴로 즐거워하시던 두 분의 모습이 아직도 생생하다.

아버지의 첫 직장이요 두 분의 신혼 시절이 있던 울진에서의 추억 여행은, 아버지의 은퇴에 대한 내 마음의 빚을 아주 조금이나마 갚을 수 있었던 감사 여행이 되었다.

## 섬마을 선생님

엄마의 인중을 보면 생각나는 닮은꼴 유명인이 있다. 42년생 엄마보다 딱 한 살 많은 41년생 가수 이미자. 어릴 적 TV에서 가수 이미자만 나오면 우리 남매는 "엄마다. 엄마가 TV에 나왔다"라며 킥킥대고 신나 하곤 했었다. 그럴 때 엄마는 약간 수줍은 듯 미소를 지었던 것 같기도 하지만, 생각해 보면 이미자의 노래든 누구의 노래든 정작 엄마가 직접 노래하시는 걸 들은 기억은 없다.

반면, 아버지는 늘 노래를 흥얼거리셨던 편이다. 아버지의 최애 가수는 단연코 배호. 아버지와 동갑인 42년생 가수다. 아버지는 그가 부른 〈안개 낀 장충단 공원〉,

〈비 내리는 명동〉, 〈돌아가는 삼각지〉, 〈누가 울어〉를 구수하게 뽑아내셨다.

언니나 동생은 아버지를 닮아 흥도 많고 노래도 곧잘 했다. 언니는 대학생 때 합창단 활동을 했을 정도였고, 동생도 '한 노래한다'는 얘길 주위에서 듣는 듯했다. 나는 어느 쪽이냐 하면, 지독한 음치에 박치, 거기에 가무엔 전혀 관심조차 없는 쪽이었다. 학창 시절 음악 시간은 무척 괴로운 시간이었고, 직장 생활 중 회식 뒤 이어지던 노래방 순례는 술자리보다도 더 싫은 일이었다.

그러고 보면 노래방 문화가 90년대 초반에 생겨난 후로 각자 사회생활을 하며 노래방에 갔을지언정, 우리 가족이 다 같이 노래방에 가본 적은 없었다. 솔직히 엄마가 노래방이란 곳을 가보셨는지조차 나는 알지 못한다. 엄마는 노래 부르는 걸 좋아하셨을까. 노래방에 갔다면 무슨 노래를 부르셨을까? 노래를 부르기는 하셨을까? 혹시나 내가 음치, 박치인 건 엄마를 닮아서인 걸까?

추석 연휴 때 무심코 TV 채널을 돌리다 도저히 채널을 넘길 수 없는 장면을 봤다. 치매로 기억을 잃어가는 엄마가 딸과 함께 노래를 부르는 장면이었다. 한때 노래를 업으로 했으나 노래를 잃은 94세 치매 엄마는 딸에게 조금이라도 폐가 될까 조심조심, 노래를 업으로 하고 있는 딸은 노래를 잃어가는 치매 엄마의 박자를 맞추기 위해 조심조심, 서로를 바라보며 추억의 노래를 부르는, 눈이 시리게 아름다운 장면.

다시 잘 생각해 보니 엄마가 이미자의 〈섬마을 선생님〉을 흥얼거리는 걸 들은 것도 같다.
"해당화 피고 지는 섬마을에 철새 따라 찾아온 총각 선생님~ 열아홉 살 섬 색시가 순정을 바쳐 사랑한 그 이름은 총각 선생님~"
엄마는 닮은꼴 가수가 생각나 이 노래를 흥얼거리신 걸까, 아니면 당신 삶과 닮은 이야기라서였을까?
음치, 박치인 내가 〈섬마을 선생님〉을 소리내어 불러본다. 콧대 높았을 사범대생 예비 선생님을 사모하던 수줍은 미싱사 아가씨, 영자 씨!

엄마의 꽃봉오리 같았을 젊은 시절을 불러본다. 꽃봉오리 아가씨, 영자(英子) 씨!

## 배우지 못한 한

"평생 내가 무식한 것을 자식들에게 들킬까 봐 노심초사했다."

엄마의 상태가 안 좋아 한동안 언니네에서 같이 지내셨을 때, 엄마는 언니에게 고백하듯이 말씀하셨다고 한다. 그 말을 직접 들은 언니도, 후에 언니를 통해 들은 나도 너무 놀랐다. 누구보다 당당하고 강하다고 생각한 엄마가 평생을 자식들 눈치 보며 사신 줄 꿈에도 몰랐기 때문이다.

엄마의 최종 학력이 국졸이라는 걸 우리 남매는 모두 알고 있었다. 엄마 스스로는 어땠는지 몰라도 우리 남매는 그 사실을 부끄러워하거나 남에게 굳이 숨기려고 하지 않았다. 엄마가 의상실 일을 그만두고 전업주부가 되면서 배움에 얼마나 열정적이었는지를 나는 잘 알고 있다. 젊은 시절 일찍부터 각종 입시에 지쳐서인지 뭔가를 새롭게 배우는 데에는 별 취미가 없으신 아버지와는 달리, 제도권 교육을 제대로 받지 않은 엄마는 늘 뭔가를 시도하고 배우는 데 거침이 없었다. 엄마는 오랫동안 향교에 다니며 한자를 배우셨고, 집 안 여기저기 놓여 있는 영어책으로 스스로 알파벳을 익히셨다. 늦게 시작한 일어 공부는 여행에서 활용하는 재미에 푹 빠지기도 하셨다.

엄마는 교사인 아버지보다도 더 자식 교육에 관심과 욕심이 커서, 아버지를 닮아 천성이 느긋한 우리 삼 남매가 지금 누리고 있는 삶의 가장 큰 지분은 엄마에게 있다는 걸 가족 누구도 부인하지 못한다. 나는 엄마가 제대로 된 교육만 받았다면 우리 가족 중 가장 잘되었을 인물이라고 진심으로 생각한다.

그런데 왜 엄마는 무식하다는 자격지심으로 평생을 노

심초사하셨을까?

"엄마가 뭘 안다고…." "엄마가 알아서 뭐 해?" "엄마가 얘기하면 아나?" 같은 여느 자식들이 하는 이런 흔한 말들이, 교육을 받지 못한 한이 있는 엄마에게는 더 큰 상처가 되었던 걸까? 나는 어쩌자고 그런 말들을 아무 생각 없이 쉽게 내뱉었을까? 왜 나는 엄마 생전에 말해주지 못했을까? 나는 누구보다도 엄마가 정말 대단하다 생각한다고.

돌아가시기 1년 전쯤 엄마 아버지가 서울에 오셨을 때, 이것저것 보고 경험하는 걸 좋아하시는 엄마를 위해 용산 전쟁기념관에 모시고 간 적이 있다. 전쟁 역사에 대해서 잘 알지는 못하지만 그래도 최대한 정보를 읽고 찾아가며 두 분에게 이런저런 설명을 해드렸는데, 엄마가 눈을 반짝반짝하고 귀를 쫑긋쫑긋하면서 "우리 딸 설명이 너무 재밌네"라며 유치원생처럼 즐거워하시던 모습이 아직도 눈에 선하다.

엄마는 제대로 된 교육을 받지는 못했지만, 결코 배움을 멈추지는 않았다. 누가 시킨 것도 아니고, 보여주기 위한 것도 아니었다. 그저 스스로 배우고 싶다는 마음 하나로, 엄마는 평생을 조금씩 그러나 끊임없이 자신을 넓혀가셨다. 그런 엄마가 나는 정말 자랑스럽고, 진심으로 존경스럽다. 그 마음을 왜 이제야 말하게 되는 걸까. 지금에서야 이렇게 때늦은 고백을 한다.

## 불친절한 영자 씨를 위한 변명

나는 자라면서 엄마에게 칭찬을 들은 기억이 없다. 엄마 품에 안겨본 기억도 없다. 어릴 때는 서러운 기억이 훨씬 더 많았다. 우리 엄마는 다정하고 따뜻하게 품어주는 전형적인 어머니상과는 거리가 멀었다. 그야말로 올림픽 정신처럼, 항상 "더 빠르게, 더 높이, 더 강하게"를 요구하는 강철 여인이었다.

엄마의 그런 철저한 정신은 아버지를 비롯한 우리 삼남매에게, 그리고 우리가 각자 가정을 이루고 난 뒤에는 사위와 며느리, 손자, 손녀 모두에게 요구되었다. 하지만 누구보다도 엄마 스스로가 그런 삶을 먼저 살아내셨고, 가족들이 그런 정신으로 살 수 있도록 최선을 다해 뒷바라지하고 지원해 주셨다.

엄마의 '은근한 정'에 반해 엄마를 배우자로 선택한(나는 아버지가 평생 한 선택 중 가장 탁월한 선택이라고 생각한다.) 아버지나, 엄마의 뱃속에서부터 평생 엄마를 알고 살아온 우리 삼 남매는 그런 엄마에게 익숙했고, 엄마를 이해하고 존경했다. 그러나 새로 가족이 된 사위와 며느리, 손자, 손녀들은 그런 엄마를 무서워하기도 하고 오해하기도 했다. 심하게는 상처를 받기도 하고 같이 있기를 꺼리기도 했다. 엄마 특유의 '츤데레' 스타일을 깊이 이해할 만큼 같이 한 시간과 추억이 충분히 없었기에 당연한 것인지도 모른다.

생각해 보면 엄마는 사랑을 표현하는데 서툴렀는데, 아마도 엄마 자신이 자랄 때 부모로부터 사랑을 제대로 받아본 적이 없기 때문일 것이다. 엄마는 마음이 넉넉한 스타일이 아니었는데, 가난한 집의 장녀로 태어나 자수성가를 하기까지 거친 삶을 살아야 했기 때문일 것이다. 엄마는 말과 행동이 직설적이고 센 편이었는데,

가정이나 학교로부터 교양이란 걸 장착해서 말하고 행동하는 것을 배우지 못한 채 사회에 뛰어들었기 때문일 것이다.

뒤늦게 후회되는 건, 나나 가족들이 엄마와 불편한 관계가 되거나 갈등이 생겼을 때, 나는 엄마를 이해하려 하기보다는 다그치거나 아예 거리를 두려 했다는 점이다. 다른 가족들에게도 엄마를 이해하자고 말해본 적이 없었다. 엄마가 왜 그러는지를 가장 잘 이해할 수 있는 위치에 있었는데도….

평소에 농담을 곧잘 하는 형부는 종종 나를 보고 "장모님"이라고 부른다. 내가 엄마와 성격이나 말하는 게 비슷해서 장모를 보는 것 같다는 얘기다. 그때마다 나는 "내가 뭐가 엄마랑 닮았냐?"라고 억울한 척 툭 쏘아붙이곤 한다. 적어도 쏘아붙이는 말투는 엄마를 똑 닮았다는 걸 인정하지 않을 도리가 없다.

'제일 엄마를 많이 닮은 딸'은 비록 엄마의 올림픽 정신과는 다른 삶을 선택해 살고 있지만, 삶에 열정적이었던 아름다운 모습만은 조금이라도 닮았기를 바라본다.

## 투병과 완치

2005년, 60대 중반의 엄마는 유방암 진단을 받으셨다. 수술과 항암 치료로 힘드셨을 그 시기에, 나는 외국에서 일을 하고 있었기 때문에 엄마의 투병 과정을 제대로 곁에서 지켜보지 못했다. 엄마에게는 아버지와 다른 자식들이 곁에 있고 엄마는 강하니까 괜찮을 거라는 얄팍하고 이기적인 생각으로, 고백하건대 나는 그 상황을 크게 염려하지 않았던 것 같다. 1년 반 정도 계속된 항암 치료 끝에, 다행히 전이나 재발 없이 엄마의 암은 완치되었다. 그 기간 동안 나는 간간이 한국에 들러 가족들을 만나기는 했으나, 엄마를 비롯한 가족들이 어떤 시간을 보냈을지는 깊이 들여다보지 않았다. 당시의 내게 중요한 건 엄마가 암을 잘 극복하셨다는 '결과'뿐이었다.

2011년, 동갑인 부모님의 칠순을 맞아 우리 부부가 한국에 잠시 들어와서 가족이 모두 한자리에 모인 적이 있었다. 칠순 잔치 이벤트로 형부가 부모님 사진들을 정리해서 프로젝터로 상영을 했다. 그때 나는 내가 놓친 시간을 처음 접했다. 엄마의 얼굴은 길고 힘든 항암치료로 퉁퉁 부어 몹시 지쳐 보였고, 속절없이 빠지는 머리카락 때문에 훤히 보이는 두피를 가리기 위해 두건이나 가발을 쓴 모습은 몹시 낯설었다. 그런 엄마 곁을 항상 지키시는 아버지의 모습은 정작 엄마보다 훨씬 더 힘겨워 보이셨다. 그리고 두 분 옆에서 애써 밝은 표정을 짓는 형제들의 모습까지. 내가 함께하지 못했던 엄마와 가족들의 고단했던 시간이 고스란히 사진에 담겨있었다. 모두가 축하하는 자리에서 나는 주책없이 흘러내리는 눈물을 감추느라 애를 먹었다.

2013년, 40대 초반의 남편이 큰 병을 앓았다. 급히 한국으로 귀국해 남편의 수술과 치료 과정을 옆에서 지켰다. 침대에 실려 수술실로 들어가는 남편을 보면서, 힘든 치료 과정을 겪는 남편을 지켜보면서, 경과 추적을 위해 병원을 방문할 때마다 혹시 몰라 주변 정리를 하고 간다는 남편의 말을 들으면서, 나는 죽음과 상실의 공포를 고스란히 느꼈다. 그때에서야 아팠던 엄마를, 그리고 그 옆을 묵묵히 지킨 아버지를 더 많이 생각하게 되었다.

드디어 남편이 완치 판정을 받았을 때, 당연히 축하할 일이므로 남편과 나는 조용하지만 확실한 자축을 했다. 문득 생각해 보니, 엄마가 10년 추적 완치 판정을 받으셨을 때가 남편의 병으로 내가 얼이 빠져 있을 때였다. 암 치료로 엄마가 힘들었던 시기에도, 암 완치로 엄마가 축하받아야 할 시기에도 나는 엄마 옆에 있지 않았다.

얼마 전에 언니와 이야기하다가, 언니네가 엄마의 완치

10주년 기념으로 두 분을 모시고 여행을 다녀왔었다는 걸 처음으로 알았다. 다행이다. 참 다행이다. 무심하고 항상 뒷북치는 둘째 딸 말고 꼬박꼬박 살뜰하게 두 분을 챙기는 효녀 효자 첫째 딸과 맏사위가 있어서.

## 10년 전에만 알았더라면

나이가 오십을 훌쩍 넘어서니 몸 여기저기가 삐걱삐걱한다. 무릎도 시큰하고 어깨도 결리고 허리도 찌뿌둥하다. 필라테스 강습도 받고 근력 운동을 위해 피트니스 센터도 가고 스트레칭 레슨도 받아본다. 몸이 제대로 말을 안 들으니 마음까지 서럽다.

어느 날 필라테스 수업을 하다 갑자기 엄마 생각으로 울컥했다. 엄마가 여기저기 아프다고 하실 때, 나는 "나이 들면 다 그렇지 뭐"라며 무심하게 대꾸하곤 했었다. 내가 직접 겪어보고 나서야 깨달았다. 안 그래도 나이 들어 서러웠을 엄마가, 그 서러움을 알아주지 않는 딸 때문에 얼마나 더 서러우셨을지. 그제야 뒤늦게 엄마의 마음이 보였다.

엄마가 처음으로 피트니스 센터의 기구 운동을 접한 것은 두 무릎에 인공 관절 수술을 한 뒤 재활을 할 때였다. 엄마 나이 칠십 초반쯤이었다.

어느 날 언니네에 오신 엄마가, 언니가 잔뜩 사다 놓고 읽지도 않은 채 내버려둔 운동 관련 책들을 열독하고 계셨다.

"10년 전에만 이런 운동을 알고 꾸준히 했더라면, 이렇게 아프고 힘든 수술은 할 필요가 없었을 텐데…."

앉은 자리에서 꼼짝하지 않고 몇 시간을 내리읽던 책을 덮으면서 엄마는 탄식하셨다.

재활 때문에 늦게 시작한 기구 운동에 엄마는 진짜 열심이셨다. 혹시 잘못하면 오히려 독이 되니 개인 레슨을 받으시라고 권했지만, 돈이 아까우셨는지 레슨을 따로 받으시는 것 같지는 않았다.

한번은 친정집에 갔을 때 엄마가 운동 자세를 좀 봐달

라며 센터에 같이 가자고 하셨다. 걱정한 것과는 달리, 나도 어떻게 사용하는지 모르는 어려운 기구들을 척척 다루셨고, 자세 교정을 크게 해드릴 필요도 없을 만큼 잘하고 계셨다. 언니네에 오실 때마다 돋보기안경까지 끼고 열심히 운동 책을 읽은 결과일 것이다.

엄마는 그렇게 매일 동네 피트니스 센터를 다니며 운동하는 루틴을 돌아가시기 전까지 유지했다. 엄마가 센터에서 가장 나이 많고 가장 열심인 회원이라며 은근 자랑도 하셨다. 그곳에서 같이 운동하는 친구도 사귀면서 건강하고 즐거운 말년을 보내셨다. 그나마 다행이라 생각한다.

엄마가 그 피트니스 센터 사우나에서 넘어지고 결국 그 좋아하시던 운동도 가지 못할 정도로 몸과 마음이 힘들었을 때, 언니와 나는 기구 운동을 못하시는 엄마에게 좀 더 맞춤으로 필라테스 개인 교습을 시켜드리자고 의논했다. 엄마의 치료를 위한 거처가 불확실해서 언니와 내가 사는 서울 아파트 단지 내에서 알아봐야 할지, 대구 엄마 집 근처에서 알아봐야 할지 고민만 하던 중에, 엄마가 그만 훌쩍 가버리셨다.

필라테스 수업을 하는 동안 내 얼굴이 땀이 아닌 눈물로 젖어 들었다. 이 좋은 걸 엄마는 해보지도 못하고 떠나버리셨네.
엄마가 이렇게 가버리실 수 있다는 걸 10년 전에만 알았더라면, 지금쯤 후회 가득한 보따리가 아니라 추억 가득한 보따리가 내게 있을 텐데….

## 마지막 산책

아파트 단지를 걷다가 모녀인 듯 보이는 두 사람이 다정히 걷는 모습이 눈에 들어왔다. 지팡이를 짚고 천천히 걷는 엄마와 보조를 맞추어 걸으면서 대화를 나누는 딸의 모습이 부러워 한참을 훔쳐보았다.

"많이 피곤하나? 계속 잘끼가? 나가서 같이 안 걸을래?"
내가 직장 생활을 한 지 몇 년 되지 않았던 어느 해였다. 일하는 딸을 보러 서울에 올라와서 며칠을 묵고 계셨던 엄마는, 일요일 내내 자느라 대답도 안 하는 딸을 자게 두고 결국 혼자 걸으러 나가셨다. 주중에는 내가 매일 밤늦게 들어오는 바람에 엄마는 낯설고 아는 사람 하나 없는 서울에서 내내 집안일만 하고 식사도 혼자 하셔야 했다. 주말만이라도 모처럼 올라오신 엄마와 밀린 얘기도 하고 맛있는 것도 먹으러 다녔으면 좋았을 텐데, 철없고 게으른 딸은 엄마를 살피지 못했다. 그날 혼자 나갔다 한껏 상기된 표정으로 들어오시던 엄마의 모습이 요즘도 올림픽공원을 걷다가 문득문득 생각나곤 한다.

"가까이에 이렇게 멋진 공원이 있는 줄도 모르고 일주일 내내 집에만 있었네. 니는 이 좋은 공원이 집 옆에 있는 줄 알았나?"

10여 년 전쯤에 부모님을 모시고 대만 여행을 간 적이 있다. 일 때문에 외국에 나가 있느라 그동안 제대로 같이 다닌 적이 없어서, 부모님의 기력이 어느 정도인지 가늠이 잘 안 되었다. 더구나 엄마가 양 무릎에 인공관절 수술을 하신 지 얼마 되지 않았다는 사실을 고려

하지 못했다. 오랜만에 같이하는 여행에서 제대로 가이드해야 한다는 의욕으로 여기저기 바쁘게 찾아다녔다. 밤에 호텔에 들어와서 엄마가 끙끙 앓으시는 걸 보고서야 엄마가 걷느라 많이 힘드셨다는 걸 알았다. "왜 진작 말씀하지 않으셨냐?"라고 했더니, "잘 못 걸으면 다음에 안 데리고 다닐까 봐 부지런히 따라다녔지. 다음에도 좋은 데 같이 갈끼제?"라고 하시면서 행복한 미소를 지으셨다.

작년에 갑자기 엄마의 상태가 안 좋아진 후, 아무래도 부모님을 서울로 모시고 와야겠다고 삼 남매가 한창 궁리를 하던 중이었다. 임시로 언니 집에 와 계시던 부모님과 어느 날 함께 식사한 뒤 집 근처 석촌호수를 산책했다. 워낙 걷는 걸 좋아하던 엄마가 잘 걷지를 못하셨다. 조금만 걸어도 금방 지쳐서 벤치에 앉아 한참을 쉬셔야 했다.

"한창 바쁜 자식들이 늙은 부모 때문에 이렇게 시간을

뺏겨가며 고생하네. 미안해서 우짜노?"

그날 밤 엄마는 대구로 내려가겠다고 강하게 고집을 부리셨다. 서울로 올라오지 않겠다 하셨다. 그렇게 그날 석촌호수 산책이 엄마와의 마지막 산책이 되었다.

엄마가 돌아가시고 나서 회사에 나가지 않는 주말엔 한낮 땡볕에 내내 걸었다. 몸은 힘들었지만 마음이 덜 힘들었다. 후에 회사를 아주 그만두고 나서는 아예 본격적으로 여기저기 걸으러 다녔다. 걸으면 좀 살 것 같았다. 어디를 걷든 엄마와 같이 걷는다는 생각으로 걸으면 힘들거나 외롭지 않았다.

그래도 석촌호수를 걷는 건 아직 힘들다. 석촌호수를 다시 걸을 수 있으려면, 아마도 좀 더 많은 시간이 흘러야 할 것 같다.

## 김 여사의 운전

"날도 차고 짐도 많은데 역까지 꼭 택시 타고 가라."
아버지 뵙고 서울로 돌아가는 기차를 타기 위해 집을 나서는데 아버지가 신신당부하셨다. 역에 도착해서 택시에서 내리다 한동안 까맣게 잊고 지내던 장면이 문득 떠올랐다. 운전석에 앉으신 엄마가 옆 좌석의 아버지와 함께 손을 흔들며 "항상 건강 조심해라" 하시던….
이 길은 늘 엄마가 운전해서 바래다주시던 길이었다. 마지막으로 엄마가 기차역까지 태워다 주신 게 차를 처분하기 직전이었으니 못 되어도 사오 년은 넘었을 텐데, 엄마의 아쉬워하는 표정과 걱정 섞인 음성이 마치 어제같이 생생하게 느껴졌다. 오랜만에 집에 들른 중년의 딸에게 밥을 해서 먹이고 설거지까지 직접 하느라, 정작 자신의 식사는 뜨는 둥 마는 둥 혼자 바쁘게 움직이시던 엄마. 그냥 택시 타면 된다 해도 들은 체 만 체 아버지까지 채근해서 옆에 태우고 직접 운전을 하셨던 엄마였다.

엄마는 오십의 나이에 운전을 시작해서 몇십 년 동안 왕성하게 차를 운전하시다, 안전을 위해 70대 후반쯤부터 운전하는 걸 점차 줄이셨다. 그래도 아예 운전을 그만두기 전까지는 서울로 돌아가는 자식들을 꼭 역까지 직접 태워다 주시곤 했다.

한때 운전이 미숙하고 판단을 잘 못하는 중년 여성을 희화화한 '김 여사 운전 시리즈'라는 것이 사람들 사이에서 유행한 적이 있다. 그러나 엄마는 베스트 드라이버 '김 여사'였다. 가족 중 가장 먼저 운전을 시작한 사람도 엄마였다. 엄마가 늦은 나이에 운전면허증을 따고 차를 사게 된 계기는 순전히 자식들 때문이었다. 내가 고등학교 3학년 때 집이 이사를 하게 되었는데 등하 굣길이 훨씬 복잡하고 힘들어져서 이른 새벽이나 늦은 밤 통학이 힘들어 애를 먹었다. 입시를 준비하는 고3의 전형이던 나는 예민할 대로 예민해져 있어서 그로 인한 짜증을 엄마에게 퍼부었고(아, 고3이 뭐가 그리 큰 벼슬이라고 나는 그렇게 유세를 부렸을까), 엄마는 엄마대로 그런 딸이 오히려 안쓰러워 맘고생을 하셨다(고3 엄마는 무슨 죄를 지었길래 엄마는 그리 안절부절못했을까). 특별히 자가용이 필요하지 않던 우리 집에 그렇게 차가 생겼고, 엄마 등쌀에 못 이긴 아버지도 뒤늦게 운전면허를 따기는 하셨다. 그러나 이후로도 우리 집 운전사는 쭉 엄마였는데, 운전을 하기에 아버지는 겁이 많으신 편이었다. 아버지 닮아 겁이 많은 언니는 엄마가 운전하는 걸 보고서 용기를 내어 운전을 시작했고, 언니가 운전 연습을 할 때 옆에서 봐주던 사람도 아버지가 아니라 엄마였다.

꽤 오랫동안 '장롱면허' 소지자였던 내게 차가 생겨 운전을 하게 되었을 때 엄마는 걱정이 됐는지 굳이 서울에 올라오셨다. 차를 몰고 출근하는 첫날 엄마는 새벽길을 마다하지 않고 내 옆자리에 함께해 주셨다. 엄마의 코칭과 응원 덕에 나는 회사 주차장에 무사히 차를 세우고 일하러 올라갔고, 엄마는 혼자 버스를 타고 전철을 갈아타며 낯선 서울 길을 되짚어 가셨다.

지금에 와 생각해 보면, 그때 엄마가 내 옆에 같이 타고 가지 않았다면 나는 혼자서 얼마나 겁이 났을까 싶다. 나는 엄마가 곁에 있어서 안심했고, 엄마는 안심하는 내 모습을 보고 비로소 마음을 놓으셨을 것이다. 엄마는 이렇듯 언제나 나와 우리 가족 전체의 든든한 뒷배였다.


서울로 올라가는 길에 왠지 등이 시려왔다. 갑자기 추워진 날씨 탓만은 아닐 것이다. 등이 시리니 마음도 시리다. 아니, 마음이 시리니 등이 시린 걸지도….

## 전국노래자랑

엄마가 가장 좋아하던 TV 프로그램은 〈걸어서 세계속으로〉였다. 토요일 아침 설거지를 끝내고 앉아 그 프로그램을 보는 시간을 엄마는 무척 좋아하셨다. 직접 가보지는 못하지만 TV로라도 그렇게 세계 여기저기를 구경하는 게 너무 행복하다고 말씀하시곤 했다. 생각해보면, 엄마는 바깥세상에 대한 호기심이 가득했고 모험심도 누구보다 크신 분이었다. 그런데 집안일로 늘 바쁘셨다.

아버지의 최애 TV 프로그램은 〈전국노래자랑〉이다. 일요일 아침 식사를 한 후, 소파에 느긋하게 앉아 졸다가 정오쯤 "전국~노래자랑~ 딴딴따 딴따 딴따~" 멜로디가 흘러나오면 금세 몸을 곧추세우고 전국 방방곡곡의 흥과 끼 많은 사람들을 보며 웃고 노래하셨다. 내 기억에, 아버지는 흥이 많고 낙천적인 분이었다. 그리고 편안한 일상을 즐기셨다.

엄마는 끝도 없는 집안일을 하느라 늘 '엉덩이 붙일 새 없이' 바쁘셨다. 아버지는 퇴직한 이후로 이렇다 할 사회생활이나 취미도 없이 집에만 계셨다. 아버지는(엄마의 잔소리에 못 이겨) 산책과 운동을 하러 나가는 것 외에는 그야말로 '엄마 껌딱지'처럼 옆에만 계셨다.

엄마는 혼자라도 여기저기 여행을 다니고 싶어 하셨지만, 실제로는 아버지 끼니 걱정 때문에 선뜻 가지 못하셨다. 그래서 자식들을 보러 가는 여행이나 자식들이 모시고 다니는 여행이 아니면, 엄마는 집에서 내내 일만 하시고 아버지는 소파에서 줄곧 TV를 보시는 것이 두 분의 일상이었다.

아버지는 몸과 마음이 편안하고 즐거우셨을 것이나, 엄마는 몸이 피곤하고 마음에는 열불이 났을 것이다. 그래서 나는 온 국민이 즐겨 본다는 일요일의 〈전국노래자랑〉이 싫었다. 모르긴 몰라도 엄마도 내 마음과 같지 않을까 생각했다. 반면 〈걸어서 세계속으로〉 테마 음악을 들으면 지금쯤 엄마가 행복한 시간을 보내고 계시겠구나 싶은 마음에 반가웠다.

엄마가 돌아가신 후 혼자 계시는 아버지와 좀 더 많은 시간을 같이 보내면서, 나는 아버지에 대해서 몰랐던 것을 많이 알게 되었다. 엄마가 일일이 챙겨드리지 않으면 할 줄 아는 것이 없다고 생각한 아버지는 혼자서도 생활을 곧잘 하셨다. 몰랐는데, 엄마 계실 때에도 청소도 같이하고 쓰레기 처리는 여느 집의 남편들처럼 아예 전담했었다고 하신다. 장보기도 엄마와 같이한 경험이 있어 혼자서도 척척 잘 해내셨다. 엄마의 잔소리 때문에 겨우 억지로 했다고 생각한 운동도 혼자서도 빼먹지 않고 규칙적으로 잘하셨다.
나는 이제 〈전국노래자랑〉이 무척 소중하고 고맙다.

"전국~노래자랑~ 딴딴따 딴따 딴따~" 테마음이 울리면, 혼자 외롭게 한 주를 지낸 아버지가 웃고 노래 부르는 시간을 보내고 계시겠구나 싶어 반갑다.

일요일 12시가 되면, 깜빡깜빡하시는 아버지에게 내가 먼저 재촉 메시지를 보낸다.

"아버지, 〈전국노래자랑〉 할 시간이에요"라고.

### 다 때가 있다

꽤 오래전 언젠가, 목욕탕에서 열린 '다 때가 있다'라는 이색 사진전 제목을 본 적이 있다. 워낙 재치 있는 제목이어서 그런지 실제로 어떤 목욕탕의 상호로도 쓰여 '재미있는 우리말 가게 이름 찾기' 공모전에 뽑히기도 했단다.

엄마와 함께했던 목욕탕의 기억은 아련하기도 하고 아프기도 하다. 매주 일요일 복작복작한 목욕탕에서 무지막지한 손힘으로 어린 삼 남매의 때를 차례로 벗기시던 젊었던 엄마. 목욕을 한 날에나 먹을 수 있었던 바나나 우유를 손에 들고 마냥 신나 하던 벌건 얼굴의 우리 삼 남매. 그 시절 그 장면들을 떠올리면 아직도 가슴 한편이 뜨거워진다.

20대 시절 대구 집에 내려가면 꼭 한 번은 엄마와 목욕탕에 갔었다. 엄마는 아주 가끔 내려오는 딸을 데리고 목욕탕 나들이 가는 걸 무척 좋아하셨다. 목욕탕에서 만나는 친구들에게 "딸이 내려와서 같이 왔다"라며 자랑처럼 말씀하시곤 했다.

삼사십 대 시절에는 나도 그렇고 언니도 그렇고 각자의 삶에 바빠 엄마와 목욕탕을 간 기억이 별로 없다. 그래서인지 엄마는 "등 밀어주는 딸이 가깝게 살면 좋겠다"라는 말씀을 간혹 하셨다. 그때는 그냥 흘려듣고 말았는데, 그 시절 엄마는 곁에 없는 딸들 때문에 좀 외로웠을지도 모르겠다.

건강하고 활동적이던 엄마가 갑자기 이상해진 것도 따지고 보면 사우나에서 낙상을 하신 후부터이니 엄마가 그렇게 좋아하시던 목욕탕을 원망해야 하는 걸까.

엄마의 상태가 계속 안 좋아서 부모님이 서울 언니네에

서 한동안 지내셨을 때다. 내내 무기력해 있는 엄마의 기분 전환을 위해 이것저것 시도하던 중에 목욕탕 가는 걸 좋아하시던 엄마와 같이 목욕탕에 간 적이 있다. 색다른 경험을 하게 해드린답시고 찾은 곳이 코로나 시기에 생긴 새로운 콘셉트의 목욕탕이었다. 1인 세욕장에 전담 세신사가 있는 시설이었기 때문에 엄마의 등을 직접 밀어드리지는 못했다. 대신 세신사로부터 때를 밀고 나온 엄마의 머리를 말려드리고 옷을 입혀드렸다. 엄청난 힘으로 삼 남매를 혼자 다 씻겨내던 그 젊던 엄마는 어느새 너무 약하고 너무 작아져 있었다. 그것이 엄마와의 마지막 목욕탕 나들이였다.

이제 와서 가끔 생각한다. 그날, 차라리 일반 목욕탕에 가서 엄마의 마른 등을 내가 직접 밀어드렸다면 어땠을까? 더 거슬러 올라가, 엄마가 건강하실 때 목욕탕 나들이를 좀 더 자주 같이 갔었다면 어땠을까?

이미 놓친 때를 이제 와서 후회해도 소용이 없다.

다 때가 있다.

## 함박스테이크와 함박웃음

"함박스테이크라고 할 때, '함박'이라는 말이 정겹고 예쁘지 않아?"
남편과 일요일 오후 동네를 산책하던 중이었다. 옛날 경양식 레스토랑을 지나치면서 간판에 적힌 문구를 보며 남편이 말했다. 요즘은 햄버그스테이크라고 하지만 굳이 함박스테이크라고 발음해야 맛이 온전히 느껴지는 듯한 그 단어를 입속에서 굴리다 보니, 저편 깊숙이 처박혀 있던 기억이 영화의 한 장면처럼 되살아났다.

내가 처음으로 함박스테이크를 먹어본 건 6학년 겨울방학 때였다. 엄마가 우리 삼 남매에게 외출복을 입혀

버스에 태워 데리고 간 곳이 시내 중앙 시장 건물 2층에 있는 경양식 집이었다. 드물지만 가끔 외식하러 가던 동네의 중국집이나 우동집과는 사뭇 다른 분위기에 쭈뼛쭈뼛하던 삼 남매와 달리 엄마는 척척 메뉴를 주문하셨다. 곧이어 하얀 크림수프가 작은 국그릇 같은 데에 담겨 나왔을 때, 엄마는 후추라는 걸 건네며 꼭 뿌려 먹어야 한다고 하셨다. 우리 남매는 흙 같은 걸 뿌린다며 킥킥 웃었던 것 같기도 하고, 주문한 돈가스 두 개와 함박스테이크 두 개가 각각 커다란 쟁반 같은 접시에 나왔을 때는 살짝 기가 눌렸던 것도 같다. 소스가 듬뿍 뿌려진 큰 고깃덩어리, 얇게 채 썬 양배추와 마카로니 샐러드, 밥 한 덩이, 노란 무와 빨간 깍두기 김치의 조합이 낯설었다.

처음으로 나이프와 포크를 사용해 먹은 그날의 음식 맛이 어땠는지는 이상하게 기억에 없다. 그러나 선명하게 기억나는 건, 드디어 당신 자식들에게도 양식을 맛보였다는 뿌듯함이 감춰지지 않던 엄마의 환한 웃음이다.

정말이지 함.박.웃.음이었다.

지금 생각해 보면, 자식들 교육을 위해 지방 소도시에서 훨씬 큰 도시였던 대구로 이사를 하면서 어떻게든 자식들이 촌놈이라는 소리를 듣지 않게 하려고 엄마는 귀동냥을 많이 들으신 듯하다. 엄마가 할 수 있는 최선으로 자식들 기죽지 않도록, 남들 먹는 음식을 먹여보기 위해 그날 경양식 집에도 데려가셨을 것이다. 당신도 분명 처음이라 내심 어색했을 그곳에서, 남에게 꿀리지 않으려 아는 체하시면서.

웃는 얼굴을 주로 그리는 이순구 화백의 책《웃는 가족》속의 그림들을 보면 마음이 저절로 행복해진다. 초승달 모양의 눈과 함박같이 벌린 입에 목젖까지 보이며 활짝 웃는 엄마, 아빠, 언니, 동생의 모습. 그 그림들에서 지금은 너무도 아련한 정겹던 어린 시절 가족의 모습을 본다.

내가 초등학교에 들어가기도 전이었으니, 평생 아버지

였을 것 같은 아버지도 아버지 노릇이 10년도 채 안 되었을 그 시절, 우리 남매가 손꼽아 기다리던 날은 아버지 월급날이었다. 그날은 우리 삼 남매가 제과점 빵을 먹을 수 있는 특별한 날이었기 때문이다. 퇴근하신 아버지는 엄마 의상실 건너편에 있는 소도시 유일의 제과점에서 각자 원하는 빵을 고르게 하셨다. 언니는 크림빵, 나는 소보로빵, 동생은 팥빵. 삼 남매의 취향은 그때도 다 달랐고 다 확고했다. 우리가 달콤한 빵을 손에 하나씩 들고 세상 행복하게 먹는 모습을 흐뭇하게 보시던 젊은 아버지….

그 당시 우리 식구가 고기를 먹을 수 있는 날은 1년에 한두 번, 우리 남매가 방학을 하면서 받아오는 통지표의 성적이 나쁘지 않은 날에 한해서였다. 엄마 의상실에서 한 블록 떨어진 곳에 있었던 '오륙도불고기'는 수출 공업단지가 들어선 신흥 도시의 유일한 고깃집인 데다 기차역에 인접해 있어서 항상 붐볐고 늘 활기찼다. 노란 양은 불판에서 지글지글 맛나게 끓던 당면 듬뿍

든 불고기와 눈이 휘둥그레질 정도로 다채로운 반찬들은 지금도 생각난다. 그러나 내 뇌리에 가장 깊이 박힌 것은, 한껏 들떠서 게걸스럽게 먹는 우리 삼 남매에게 연신 고기를 덜어주시던 볼 붉던 엄마 아버지의 환한 웃음이다.

> 그릇이 왜 둥근지 아니?
> 밥상머리에서 아버지가 물으셨다
> (중략)
> 옹기종기 둘러앉은 식구들
> 벙글벙글 웃음
> 그릇 닮은 웃음이 둥글다
> - 장옥관, 〈밥그릇이 둥근 까닭〉 중에서

그때는 미처 몰랐지만, 돌아보면 그때가 온 가족의 웃음으로 환하게 피어나던 꽃 같던 시절이었다. 그 시절 엄마 아버지와 언니 동생과의 둥근 삶이 그립다.

## 엄마라는 그릇

얼마 전에 우연히 들른 갤러리에서 도예 작품을 두 번 생각 않고 선뜻 샀다. 도자기 자체가 예쁘기도 했지만 '만복을 담아주는 그릇 어머니'라는 도자기의 글귀가 마음에 콕 들어왔기 때문이다.

스무 살에 집을 떠나온 이후에 처음 맛본 맛난 음식들이 정말 많다. 내륙 지방 출신이라 자랄 때는 거의 먹어본 적이 없는 생선회는 가장 좋아하는 음식이 되었고, 서른이 넘어서야 알게 된 간장게장은 그야말로 신세계였다. 10여 년의 해외 생활을 하면서 접한 이국적인 음식들도 당연히 많다. 한창 젊고 혈기 왕성한 때에는 그런 음식들을 좋아했었다. 가끔 집에 갔을 때 엄마가 해주시는 음식은 너무 평범해서 시시하게 느껴지기도 하고, 경상도 특유의 짜고 매운 맛에 대놓고 엄마에게 불평하기도 했었다.

그런데 점점 나이가 들면서는 예전에 엄마가 해주셨던 평범한 음식이 그리워진다. 그중에서도 각종 채소를 채 썰어 넣은 고운 색깔의 달걀찜과 숙주나물 듬뿍 넣고 얼큰하게 끓인 소고깃국이 제일 생각난다.

한창 일하던 시절 언젠가, 아무런 말도 없이 무작정 대구 집에 내려간 적이 있었다. 결혼하기 전이었고 아마도 직장에서 이런저런 일로 몸과 마음이 힘들 때였던 것 같다. 예상치 못한 딸의 밤늦은 방문으로 놀란 부모님과 제대로 대화도 나누지 않고 잠이 들었다. 다음 날 늦게까지 실컷 자고 일어났더니 엄마는 별말씀 없이 밥 먹으라고만 하셨다. 그때 차려주셨던 음식이 특별한 것 없던 달걀찜과 소고깃국이었다. 그날 아침 한 끼를 먹고 서울로 올라와 다시 아무 일 없었다는 듯 씩씩하게 생활했다. 몸도 마음도 제대로 충전된 한 끼였다.

평소에 잘 드시는 편이던 아버지가 요즘은 잘 못 드시고 안 드신다. 엄마 살아계실 때 두 분은 외식을 거의 하지 않아 삼시 세끼를 다 직접 해서 드셨다. 그래서인지 엄마 음식에 익숙하신 아버지는 어떤 음식도 다 엄마가 한 것만 못하다고 하신다. 삼 남매가 돌아가면서 이런저런 좋다는 음식을 사다드려도, 정기적으로 방문해서 요리해 주시는 가사 도우미의 음식을 드셔도 다 마뜩잖아하신다.

모든 음식이 다 그립겠지만, 아버지가 제일 그리워하는 엄마 음식은 뭐니 뭐니 해도 엄마표 된장찌개일 것이다. 직접 담근 된장으로 진하고 걸쭉하게 끓여내는 엄마 특유의 된장찌개는 거의 매일 빠지지 않고 식탁 위에 오르는 메뉴였다. 그랬던 된장찌개를 이제는 드실 수가 없다. 가사 도우미나 자식들이 끓여내는 된장찌개는 엄마의 맛을 낼 수가 없으니까.

이번 주말에 아버지 뵈러 대구에 내려가면 된장찌개, 달걀찜, 소고깃국으로 밥상을 차려볼 생각이다. 엄마의 손맛은 흉내조차 낼 수 없겠지만, 엄마와의 추억을 아버지와 나누기에는 충분할 것이다.

내가 몸과 마음이 힘들었을 때 엄마의 달걀찜과 소고깃국으로 단박에 충전되었던 것처럼, 아버지도 '엄마 된장으로 끓인 된장찌개'와 '딸표 달걀찜과 소고깃국'으로 조금이라도 힘을 얻으실 수 있으면 좋겠다.

### 어느 집에서 일하세요?

날이 너무 무덥다.

'대프리카'라는 악명을 가진 대구 친정집에 에어컨을 처음으로 설치한 건 작년 칠월이었다. 유월에 엄마가 돌아가시고 혼자 남으신 아버지를 돌봐드릴 가사 도우미를 구하는 과정에서 "에어컨 없는 집에서는 일을 할 수 없다"라며 번번이 그만두는 여사님들의 불평 때문에 부랴부랴 급하게 에어컨을 들여놓은 것이다.

에어컨 하나 없는 집에서 타인의 도움을 전혀 받지 않고, 팔순이 훌쩍 넘은 나이까지 모든 가사 일을 혼자 해내신 엄마의 수고로움을 이전에는 생각하지 못했다. 에어컨 빵빵한 사무실에서 일하면서 오래된 선풍기 하나로 여름을 나시는 고향의 부모를 생각하지 않았던 이기적인 자식들이나, 아끼는 것이 몸에 배어 온종일 빨래며 청소며 혼자 하면서 삼시 세끼를 꼬박꼬박 차려내는 늙은 아내를 챙기지 못한 무심했던 남편이나 할 말이 없다. 뒤늦은 후회로 가슴을 쳐봐야 소용이 없다. 가족들은 그런 엄마를 응당 그러려니 여기며, 너무도 당연하게 생각했던 것 같다.

삼 남매가 종일 집에서 빈둥빈둥하고 있을 때였으니 아마도 초등학교 겨울 방학이었을 것이다. 아침 설거지를 마치고 점심 먹을거리까지 식탁에 차려놓은 뒤 안방으로 들어가신 엄마가 웬일인지 해가 지도록 나오지 않으셨다. 엄마 잔소리 없던 그날 우리 남매는 마냥 신나서 노는데 온통 정신이 팔려있었다. 엄마가 보통 때보다 늦은 저녁을 차려주시면서 지나가듯 하신 말씀이 기억난다.

"지 엄마가 종일을 앓아누워 있어도 들여다보고 괜찮

냐고 묻는 자식이 하나 없네."

아, 철없던 시절이여.

나이 들어서도 여전히 철들 줄 모르는 자식들과 천성이 둔감했던 남편을 엄마는 온 힘을 다해 챙겼고, 부지런함을 넘어서 억척스러움에 가깝도록 살림을 해내셨다. 그것이 엄마의 자부심이었을 것이다.

언젠가 엄마가 해주셨던 얘기에 식구들 모두가 같이 웃었던 적이 있다. 긴 장마 끝 한여름 햇살에 이불을 말리려고 땀을 뻘뻘 흘리며 아파트 옥상을 오르락내리락하던 중에, 계단에서 마주친 젊은 여자가 묻더란다.
"아줌마, 일 되게 열심히 하시던데, 어느 집에서 일하세요? 우리 집에서도 일 좀 해주면 좋겠는데…."
몸뻬바지 입고 고무장갑 낀 채 헤시시 웃으시던 엄마가 몹시 그리운 여름날이다.

## 대나무 엄마 버드나무 아버지

"네 엄마가 성격이 너무 대쪽 같아서 이런 무서운 결정을 했나 보다."

엄마의 부고를 듣고 속초에서 달려오신 이모가 우리 남매들을 위로하며 말씀하셨다.

그러고 보니 엄마는 어쩌면 대나무 같은 사람이었는지도 모르겠다. 달리 기댈 데가 없어 스스로 단단하게 무장해야만 했을 엄마. 평소에 좋고 싫음이 분명하고 대충대충이 없어 몸과 마음이 늘 힘들었을 엄마. 가족을 위해 아낌없이 다 내어주느라 정작 본인 속은 텅텅 비어갔을 엄마.

평생을 그리 꼿꼿하고 강하게 사셨던 엄마가 마지막에

는 너무 지치고 고단했던 걸까? 더 이상 가족에게 힘이 되지 못하고 외려 짐이 될 것 같다는 생각에 엄마는 한순간 바람에 차라리 부러지길 선택하신 걸까?

엄마를 그렇게 보내고 나서, 나는 하루아침에 아내를 잃은 아버지가 무너지시지 않을까 걱정했다. 평생을 큰 어려움 없이 평탄하고 안정된 삶을 사셨던 아버지. 늘 이래도 좋고 저래도 좋아 강단 없다는 얘길 듣기도 하셨던 아버지. 엄마가 챙기지 않으면 아무것도 혼자 못 하시고 또 안 하시던 아버지.

그러나, 유약하다고만 생각했던 아버지는 엄마와는 전혀 다른 방식의 강함을 보여주셨다. 가장 힘들고 상실감이 컸을 텐데도, 아버지는 가족 누구보다도 빨리 마음을 추스르셨다. 아버지는 쓰러지지 않고 슬픔을 온몸으로 받아내셨다.

엄마의 장례 기간 내내 직접 조문객들을 다 맞이하셨고 자식들에게 기대지 않고 혼자 살기를 고집하셨다. 오로지 자식들 짐이 되지 않으려는 일념으로 매일 운동을 거르지 않으시고, 자식들 버릇없는 잔소리도 "오냐, 오냐, 네 말이 옳다" 하며 고분고분 듣고 실천하려고 하신다.

비로소 아버지를 자세히 보니, 아버지는 유연하면서도 강한 버드나무 같은 분이셨다. 그런 아버지라서 엄마 잃은 지금을 꿋꿋하게 견디고 자식들이 씩씩하게 살아가도록 먼저 다독이신다. 그런 아버지의 있으심이 한여름 시원하게 늘어진 버드나무 그늘처럼 고맙고 든든하다.

어쩌다 마음이 힘들 때 대숲을 찾아가는 새로운 습관이 생겼다. 바람에 사르락사르락 흔들리는 댓잎 소리를 듣고 있노라면 엄마가 전하는 말을 듣는 것 같다. "괜찮다, 괜찮다"라고.

3부

**살아가다**

## 유월과 아버지

약간 오르막이긴 해도 그리 험하지 않은 길인데, 오늘따라 아버지의 걸음이 유난히 힘들어 보였다.
평생을 함께하며 사랑했던 아내가 먼저 저세상으로 간 지 꼭 1년, 그녀가 잠들어 있는 곳으로 그녀를 만나러 가는 길이었다. 오십을 훌쩍 넘은 자식들을 둔 팔십 넘은 나이의 아버지로서가 아니라, 오롯이 한 '남자'로서 먼저 간 아내의 산소를 가는 마음은 어떠실까? 아버지는 무슨 생각을 하면서 이 길을 걸으실까? 느릿하게 걸어오시는 아버지를 가끔 뒤돌아보며, 그 마음속에 어떤 생각이 머물고 있을지 궁금해진다.

아버지와 엄마는 같은 해 같은 시골 동네에서 태어나 자랐으나 두 사람의 삶은 많이 달랐다. 아버지는 나름 '부농'의 귀한 맏아들로 곱게 자랐고, 엄마는 같은 동네에서 이 집 저 집 허드렛일을 거들어 주고 겨우 먹고사는 '찢어지게 가난한' 집안의 맏딸로 힘들게 자랐다. 같은 초등학교에 다닌 동기 동창이었으나 이후 아버지는 도시로 유학을 가 중고등학교를 마치고 당시 최고 사범대학에 다니며 청춘의 낭만을 누렸고, 엄마는 초등학교 졸업식을 마치자마자 아버지가 유학 간 그 도시에서 돈을 벌며 고향 식구들의 생계를 돕느라 고된 청춘을 보냈다.

두 사람은 그곳에서 우연히 다시 만나 연애를 했고 집안의 엄청난 반대를 극복하고 우여곡절 끝에 결혼을 했다. 아버지는 성실했으나 특별한 야망 없는 '사람 좋은 월급쟁이 교사'로서의 삶에 만족했고, 그에 비해 엄마는 욕심이 있었고 항상 더 나은 삶을 위해 노력했다. 아버지는 엄마에게 많은 부분을 의지하고 의존했고, 엄마는 모든 면에서 아버지를 끔찍이 챙겼다. 두 사람은 겉으로는 늘 토닥토닥 말씨름을 하고 있는 듯 보였지만, 누구보다도 서로를 잘 이해하고 깊이 사랑했다.

처음 25년은 친구와 연인으로서 설레고 애틋하게, 그 후 25년은 자식들을 키우며 먹고사느라 고생스럽고 치열하게, 마지막 30년은 둥지를 떠난 자식들을 함께 염려하고 그리워하면서. 그렇게 다져온 80여 년의 깊은 동지애는 그 어떤 것으로도 깰 수 없었다.

그런데 엄마는 마치 문을 닫고 떠나듯 '탁' 하고 먼저 가버리셨다. 아버지만 덩그러니 홀로 남겨두고…. 엄마로서도 힘든 결정이었을 것이다. 일일이 챙겨줘야 하는 늙고 힘없는 남편을 철없고 이기적인 자식들한테 맡기듯이 그렇게 가버리는 것이.

자식들은 엄마 없이 지내실 아버지를 제일 걱정했었다. 그러나 아버지는 뒤늦은 후회와 그리움으로 힘들어하는 자식들을 오히려 염려하며 혼자서도 잘 살아내고 계신다. 그것이 먼저 떠나기로 선택한 아내를 위한 유일한 길임을, 아버지는 누구보다도 잘 알고 계셨다. 그리고 아버지가 혼자서도 잘 해내실 거라는 걸 엄마는 아마 알고 계셨던 것 같다. 80년 가까운 세월을 함께한 두 사람은, 굳이 말로 약속하지 않아도 마음으로 서로 통하는 거였나 보다.

평소 말씀이 많으신 편인 아버지가 오늘 엄마 앞에서는 유난히 말씀이 없으셨지만, 나는 알 것 같았다. 아버지가 무슨 말씀을 엄마에게 하고 싶으셨을지를….
평소에 애교 조로 늘 하시던 말씀, "영자씨, 많이 사랑하네." 그리고 평소와는 달리 진지하게 이런 말을 보태시지 않았을까. "나 잘하고 있네. 그러니, 걱정 말고 편히 쉬고 있게."
엄마 산소 주변에서는 이름 모를 새들이 명랑하게 노래했고, 여기저기 들꽃들이 수수한 자태를 뽐내고 있었고, 색색의 나비들이 잰 날갯짓으로 분주했다.
올라올 때 힘겨워 보였던 아버지의 발걸음이 내려갈 때

는 한결 가벼워 보였다.

유월의 빛나는 햇살이 앞서 걸어가시는 아버지를 따스하게 감싸며 따라가고 있었다.

## 아빠를 부탁해

"돌아누울 때마다 어지러움이 느껴져 한밤중에 이러다 죽겠구나 싶다." 아버지가 언니와 통화 중 하셨다는 말을 언니에게서 전해 듣고, 정신이 번쩍 들었다.

엄마가 떠나시기 얼마 전, 서울에서 일하는 자식들이 평생의 자랑이던 엄마가 "옆에 가까이 있으면서 병원에 같이 가주는 자식 있는 사람이 부럽더라"라는 말씀을 스치듯 하셨을 때, 나는 "그럼 일을 그만두고 내려가 살라는 말이냐?"라며 퉁명스럽게 쏘아붙였었다. 엄마가 농담으로라도 전혀 안 하던 말씀을 왜 갑자기 하실까에 대해서 단 1초도 생각해 보거나 공감하려고 하지 않았다. 그때는 '안 그래도 회사 일로 마음 복잡하고 힘든데 왜 엄마까지 저러시나'라는 생각에 오히려 섭섭한 내 마음만 크게 보였었다.

몇 달 후에 엄마가 돌아가시고 나서야, 무심히 내뱉은 내 말에 엄마가 얼마나 외로웠을지 되씹고 되씹으면서 지난 1년을 보내야 했다.
'아버지는 평소 다정하지 못한 둘째 딸에게는 아예 얘기도 못 꺼내신 건가?' 한밤중에 자다 깨서 홀로 앉아 느끼셨을 아버지의 외로움이 공포로 다가왔다. 계획된 모든 일정을 취소하고 급하게 짐을 싸서 아버지에게 내려갔다. 마침 수개월 전에 예약되어 있던 종합 병원 신경과 정기 진료가 있어서 모시고 갔다. 같이 병원에 간 건 처음이었다. 꽤 번잡한 수속과 사전 검사 과정을 거치고도 한참 기다려 들어간 진료실에서, 의사는 아버지를 제대로 보는 둥 마는 둥 하고 모니터만 쳐다보면서 빠른 속도로 말했다. 환자의 얼굴을 보지 않으니 환자가 알아듣는지 마는지 알 리가 없었다. 병에 대한 염려로 안 그래도 잔뜩 긴장한 아버지는 의사가 하는 얘기를 제대로 알아듣지 못하시고 당황해하셨다. 아버지의 귀가 생각했던 것보다 더 나빠 의사의 얘기가 잘 들리지도 않고 이해도 잘 안된다는 걸 그제야 알았다. 생전에 엄마가 왜 병원에 같이 가주는 자식 얘기를 꺼내셨는지 마침내 완전히 이해되는 순간이었다. 심신이 약해진 엄마에게 아버지는 도움을 줄 수 있는 사람이 아니라 오히려 도움을 줘야 하는 사람이었을 것이다. 그래서 엄마는 힘겹고 서글펐을 것이다.

엄마는 스스로 몸을 던져서라도 무심한 자식들에게 얘기하고 싶으셨던 걸까, '아빠를 부탁한다'라고.

아버지와 둘이 병원을 걸어 나오는데 자꾸 눈이 아팠다. 나란히 손잡고 힘없이 이 길을 걸었을 두 노인의 뒷모습이 마구 눈을 찔러서.

## 신천 변 걷기

서울에 한강이 있다면 대구에는 신천이 있다. 서울 시민이 한강 변 산책을 즐기는 것만큼 대구 시민은 신천 변 산책을 즐긴다. 엄마 아버지도 아버지가 은퇴하고 나서는 항상 같이 신천 변에 운동을 다니셨으니 햇수로 치자면 20년은 족히 넘었을 것이다.

아버지를 뵈러 정기적으로 내려와 며칠씩 머무르는 일이 많아지면서 나에게도 신천 변을 산책하는 게 새로운 재미와 루틴이 되었다. 그런데, 아버지께 신천을 같이 걷자고 해도 아버지는 통 가시지 않았다. 20년 넘게 늘 하시던 신천 변 걷기 운동을 요즘엔 왜 안 하시냐고 여쭈니, 신천을 걸을 때마다 엄마 생각이 나서 가기가 힘들다고 말씀하셨다.

언젠가 제주 올레길을 만든 서명숙 이사장이 직접 들려준 이야기가 생각났다.

제주도 출신인 이사장이 대학 입학 이후로 탈출하다시피 떠나온 고향 땅에 올레길을 만들겠다고 했을 때, 유일하게 믿어주고 함께해 준 이가 제주도에 남아 있던 남동생이었다고 한다. 다들 미친 짓이라고 뜯어말리거나 반대할 때, 남동생과 둘이서 걸어 다니면서 몇 년간에 걸쳐 그야말로 '한 땀 한 땀' 만든 것이 오늘날 올레길이 되었다. 그랬던 동생이 먼저 세상을 떠났을 때 서명숙 이사장은 한동안 도저히 올레길을 걸을 수 없었다고 한다. 걸을 때마다 여기저기서 동생과의 추억이 불쑥불쑥 튀어나와서….

그러고 보니 아버지와 동네를 걸을 때마다 아버지는 "엄마와 저 벤치에 앉아서 쉬곤 했다" "엄마가 이 길 걷는 걸 참 좋아했다" "엄마랑 이 집에서 과일을 자주 샀다"라고 말씀하시곤 한다. 대학생이 된 이후로 부모님과 같이 보낸 시간이 많지 않아서 이렇다 할 추억이 그리 없는 나도 신천을 걸을 때 엄마와 비슷한 모습을 한 노인을 보면 가슴이 철렁할 때가 있다. 그러니 아버지는 오죽하실까. 아버지를 위로한답시고 한다는 말이 겨우 "아버지는 엄마와의 추억이 많아서 힘들다 하시는데, 저는 엄마와의 추억이 별로 없어서 힘들어요"였다. 센스도 없고 요령도 없는 딸이다.

아버지와 식사를 할 때마다 아버지의 틀니가 잘 맞지 않는지 소리가 나고 음식을 씹으시는 게 불편해 보인지가 꽤 되었다. 치과에 가보시라고 몇 차례 말씀을 드렸는데도 고개만 끄덕이고는 가지 않으시는 눈치였다. 또다시 씹는 걸 힘들어하시는 모습을 보고 급기야 왜 치과에 안 가시냐고 짜증을 냈다. 아버지는 풀이 죽은 듯한 목소리로 "치과는 늘 네 엄마와 같이 갔었는데, 혼자 가려니 영 안 내킨다. 엄마에 대해서 물어보면 또 엄마 생각이 날 거고…." 하셨다. 나는 차마 아무 대꾸도 할 수가 없었다.

두 분이 오래 같이 다니셨다는 치과 전화번호를 찾아서 예약을 하고 예약 날짜에 맞추어 대구로 내려와서 아버지를 모시고 갔다. 한 시간 이상 치료받느라 한껏 지치신 아버지와 같이 치과를 나오면서, 소리내어 건네지 못한 말을 혼자서 한다.

'아버지, 엄마와의 추억으로 너무 힘들어하지 마세요. 엄마도 아버지가 엄마 때문에 힘들어하길 바라지 않으실 거예요. 대신, 우리 같이 새로운 추억 많이 만들어요. 아버지 두고 혼자 훌쩍 가버린 엄마가 질투하시게요.'

## 사방이 온통 그리운 엄마

어김없이 봄은 왔지만 내 마음은 여전히 겨울 속을 헤매던 어느 날이었다.
삼청동에서 혼자 밥을 먹는데 식당 벽에 붙은 전시 포스터가 눈에 들어왔다. 뚱뚱한 몸매에 뽀글뽀글 파마머리, 터질 듯 동그랗고 큰 얼굴을 한 두 여자가 눈을 지그시 감은 채 서로 볼을 맞대고 안고 있는 모습이었다. 그 포근하고 정겨워 보이는 모습에 눈을 뗄 수가 없었다. '우리 엄마'라는 제목을 보니 닮은 듯한 두 여자는 같이 나이 들고 있는 엄마와 딸인가 보다. 밥을 먹는 둥 마는 둥 하고 홀린 듯이 전시장을 찾아갔다.
삼청동 조용한 골목 끝자락에 자리한 작고 아담한 갤러

리에는 '엄마의 봄날'이라는 기획전으로, 못난이 조각가로 알려진 김판삼 작가의 전시가 열리고 있었다.

"부모라는 이름의 1등 못난이, 외모를 가꿀 겨를 없이 바쁘게만 살아 못난이가 된 우리 엄마, 자녀 앞에서는 슈퍼맨이 되는 엄마"라고 적힌 전시 설명 문구부터 마음과 눈을 콕콕 찔러댔다. 크지 않은 공간에 단정하게 전시되어 있는 작가 특유의 익살스러운 작품들과 기가 막히게 재치 있는 제목들을 찬찬히 다 둘러보고도 한참이나 발길을 돌리지 못했다. 특히 커다란 바위덩어리를 입을 앙다문 채 온몸으로 막아내며, 그 앞에 놓인 힘없는 꽃을 지켜내고 있는 〈울 엄마〉라는 그림 앞에서는 입은 웃는데 눈에서는 자꾸 눈물이 났다. 살짝 건드리기만 해도 눈물이 흐르던 때였다. 그때 갤러리 대표라는 분이 조용히 옆으로 다가왔다. 무안해진 나는 "돌아가신 친정 엄마가 생각이 나서요"라고 말했다. 갤러리 대표는 "얼마든지 편하게 감상하세요"라고 말하며 슬쩍 자리를 비켜주었다.

며칠 후, "하늘은 무너졌지만, 큰 산이 넓은 강이 굳센 나무가 그래도 변함없이 우리 곁에 있습니다"라는 짧은 손 글씨 메모와 함께 《엄마 파는 가게 있나요?》라는 그림책 한 권이 집으로 도착했다. 내가 방명록에 남긴 주소로 갤러리 대표가 보내준 것이었다. 여섯 살 어린 나이에 엄마를 여읜 그녀가 40대의 나이가 되어 일찍 세상을 떠난 엄마를 그리워하면서 쓴 자전적인 동화라고 했다.

이야기는 머리에 흰 꽃이 피기 시작한 마흔의 저자가 흑백 사진 속 마흔 살 엄마의 검은 머리를 보며 엄마와 동갑이라고 좋아하는 데서 시작해서, 엄마 없던 삶을 점점 되짚어간다. 그녀 나이 서른, 결혼한 친구들이 '엄마 집'이라고 부르는 집이 없어 그녀는 마음속에 '엄마 집'을 짓고 엄마와 밤새워 얘기하는 상상을 한다. 사춘기로 방황하던 시절에는 엄마를 기억하는 사람과 만나기를 바라며 옛 동네를 서성이기도 하고, 상처받기 쉬운 유년기에는 엄마를 사겠다는 생각으로 "엄마 파는 가게가 어디인지" 찾아다닌다. 그리고 엄마 등에 업혀 옛이야기를 듣던 먼 네 살의 기억에서 이야기는 끝난다. 어린 그녀가 "엄마, 엄마, 엄마…." 하고 애타게 엄마를 부르는 장면으로….

엄마 관련한 것만 온통 눈에 들어오는 나날이었다.
신문에 인터뷰가 실린 내용을 보고 찾아간 자이언제이 작가의 전시에서도 나는 엄마만 보였다. 〈삶의 순환과 하모니〉라는 대형 작품 앞에서는 말로는 도저히 표현할 수 없는 감정이 온몸에 일었다. 태어나서 성장해 가는 딸의 삶과, 죽음을 향해가는 엄마의 삶을 위아래 두 개의 프레임에 담아 하나의 이야기로 엮어낸, 너무도 아름답고 감동적인 작품이었다. 위에 있는 검정 프레임 속에는 엄마의 삶이, 아래에 있는 하얀 프레임 속에는 딸의 삶이 담겨 있다. 시간이 흐를수록 위치가 바뀌는데, 갓난아이를 안고 아래를 내려다보는 엄마의 모습에서 시작해 점점 엄마와 딸의 눈높이가 같아졌다가, 마지막에는 딸이 병들어 누운 엄마를 바라보게 된다. 작품 속 모녀는 처음부터 끝까지 서로 눈을 맞추고 있는데, 그 눈길 속에는 서로를 향한 사랑과 감사가 고스란히 담겨 있다.

전시에서 돌아와 작가에 대해 찾아보았다. 화려해 보이는 그녀의 작품과는 달리 작가의 삶은 결코 녹록지 않았던 모양이다. 〈삶의 순환과 하모니〉는 아픈 엄마를 돌보며 딸아이 육아도 동시에 해야 했던 시간을 거치면서 탄생한 작품이다. 어린 시절 엄마로부터 받았던 사랑을 떠올리며, 마치 어린아이를 돌보듯 엄마를 보살피는 시간을 거치면서 영감을 얻게 되었다고 한다. 전시 소개 글에서 작가는 말한다. "한 사람이 태어나서 죽을 때까지 사랑받았으면 좋겠다"라고. 그리고 "이 세상의 모든 부모들이 그 존재 자체로 사랑받기를 소망한다"라고.

엄마라고 부르는 것만으로도, 엄마를 생각하는 것만으

로도, 마음은 왜 이토록 먹먹한가. 추억이 없으면 없는 대로, 추억이 많으면 많은 대로 엄마라는 존재는 왜 이토록 아련한가.

사방이 온통 그리운 엄마다.

## 이름값 하기

네일 숍에서 손톱 케어를 받던 중 케어를 해주는 직원의 가슴에 단 이름표를 무심코 보니 이름이 '다정'이었다.
"이름이 정말 예쁘시네요. 혹시 동생 이름은 '다감'이에요?" 농담처럼 가볍게 물었다.
"어, 맞아요! 제 남동생 이름이 다감이에요. 부모님이 지어주셨어요."
"와, 그럼 남매가 합쳐지면 엄청 다정다감하겠네요?"
"네. 왠지 이름값을 해야 할 것 같아서 다정다감해지려고 노력하게 돼요. 부모님이 주신 이름 덕분이에요."
그렇게 시작한 스몰토크가 20대의 두 남매가 50대의 부모와 어떻게 지내는지 얘기를 듣는 것으로 발전했고,

들으면서 부모 자식 간의 친밀하고 알콩달콩한 관계가 엄청 부러웠고, 부모를 대하는 젊은 사람들의 마음이 참 예쁘다는 생각을 했다. 어느덧 부모의 나이대가 되어보니 젊은 시절 못 봤던 것들이 비로소 보였다.

내 이름의 한자 뜻을 영어로 풀어보면, 공교롭게도 'Sharp & Strong'이 된다. 그래서였을까? 매사에 날카롭고, 쓸데없이 힘을 주었다. 특히 이름을 주신 부모님에게는 더더욱 그랬다. 나는 부모에게 사근사근하게 표현하거나 살갑게 행동하는 성격이 아니었다. 말투는 차고 행동은 퉁명했다. 부모 자식 간에 뭘 간지럽게 그러냐고, 표현 안 해도 다 알 거라고 그렇게 믿었다.

"이모 말에는 항상 날이 서 있어요." 나와 부모 간의 관계를 그의 전 생애에 걸쳐 목도한, 내가 사랑하는 20대의 큰조카가 어느 날 불쑥 내게 건넨 말이었다. 그 말에 나는 순간 말문이 막혀버렸다. '아니, 이 자슥이….'

유독 엄마와는 만날 때마다 티격태격했다. 어느 드라마에서 이런 장면이 나왔다. 서로를 아끼면서도 사이좋게 잘 지내지 못하는 모녀가 "우리는 서로 안 맞는다"라고 말하자 극 중 아버지가 말한다. "안 맞아서 그러는 게 아니라 서로 닮아서 그런 거다." 맞는 말이다 싶었다. 예전에는 엄마를 닮았다는 말이 듣기 싫어서 부정하기도 하고, 말만 하면 부딪치는 것이 불편해 한동안 연락을 끊고 지내기도 수차례였다. 10여 년의 외국 생활은 엄마와의 거리 두기를 하는데 편리한 핑곗거리였다.

엄마가 돌아가시고 나자 그제야 잃어버린 시간에 대한 아쉬움이 흐린 하늘의 먹구름처럼 짙게 몰려왔다. 그때 나는 엄마의 마음도, 생활도, 삶도 너무 몰랐다. 딸인데도 너무 무관심했었다. 그때의 엄마 나이가 된 지금의 나는 갱년기의 힘듦을 주위에 마구 토로하며 살고 있다. 엄마도 분명 겪었을 그때 엄마의 힘듦은 가족 중 누가 알아주었을까? 분명 나는 아니었다.

십오륙 년 전의 일이다. 늘 엄마를 알아서 먼저 챙기던 언니네가 해외 연수로 얼마간 한국에 없었을 때, 친정에 잠깐 갔다가 엄마와 대판 싸우고 올라온 적이 있었다. 나중에 언니를 통해 알게 된 거지만, 그때 엄마는 갑상샘항진증을 앓고 있어서 몸무게가 줄고 잠도 제대로 못 자 몸이 많이 힘드셨다고 한다. 엄마가 힘든 걸 말로는 표현 못 하고, 무심한 딸에게 서운한 마음을 일하는 둥으로만 보이신 거였는데… 나는 모처럼 온 둘째 딸네는 안중에 없는 듯 보이는 그 모습이 섭섭해서, 엄마에게 날 선 에너지를 쏟아붓고 말았다. 엄마는 그날 엄마의 속마음을 알아주지 않는 내가 얼마나 괘씸하셨을까?

부모님이 내게 주신 이름이 '말이 날카롭고 행동이 센 사람'이 아니라 '머리가 지혜롭고 마음이 강한 사람'이 되라는 뜻이라는 걸, 그 깊은 뜻을 미욱한 딸은 오십이 훌쩍 넘어서야 겨우 알아가고 있다. 엄마 때와 같은 후회를 반복하지 않고 이름값 하며 살겠다고 굳은 마음을 먹어보지만, 못된 옛날 성격이 불쑥불쑥 튀어나와서 혼자 계시는 아버지를 섭섭하게 할 때가 아직도 많다. 마음 넓으신 아버지가 "오냐, 네 마음'은' 안다"라고 하실 때, 나는 내 머리를 콕 쥐어박고 싶은 심정이 된다. 마치 "네가 말과 행동은 그렇게 못되게 해도 네 마음은 그렇지 않다는 걸로 내가 이해하련다"라고 말씀하시는 것 같아서.

아, 이름값 제대로 하려면 아직 갈 길이 멀다.

## 같이 가는 여행

"엄마는 여행 다닐 때, 꼭 어린아이처럼 세상 신기해하고 행복해하셨어. 그 모습을 보면 더 신나서 같이 모시고 다니게 돼."

철마다 부모님을 모시고 여행을 다니곤 했던 언니가 엄마 살아 계실 때 더 많이 같이 다니지 못해 후회된다며 울먹였을 때, 나는 한동안 할 말을 찾지 못했다.

돌아보면 나도 가끔 이런저런 여행 프로그램에 등록해서 두 분이 여행을 가실 수 있도록 해드리기는 했다. 하지만 막상 부모님과 같이 여행을 간 기억은 별로 없다. 그러니 호기심 많은 엄마가 여행을 다니면서 즐거워하시는 모습을, 집이 최고 편하다는 아버지가 이런저런 불편함을 겨우겨우 참아내며 엄마를 따라다니는 재미난 모습을 본 적이 별로 없다. 나의 알량한 효도는 바쁘다는 핑계로 돈을 쓰는 데 그쳤고, 시간을 내어 함께하진 않았던 것이다.

우연히 유튜브에서 75세 엄마와 함께 해발 8,091m 안나푸르나 산을 오른 아들의 '엄마푸르나' 사연을 접했다. 평소에도 국내외로 여행을 자주 다니던 모자가, 교통사고로 다리에 큰 수술을 하고 재활을 끝낸 지 얼마 안 된 엄마의 도전을 위해 세계 최고봉 중 하나인 안나푸르나 산을 같이 오르는 데 성공한 이야기이다.
나는 그 이야기를 접하면서, 힘들었으나 분명 행복했을 두 사람이 함께한 그 시간이 미치도록 부러웠다. 아, 내 엄마도 그의 엄마처럼 여행을 좋아하고 도전을 주저하지 않고 포기를 모르는 강인한 여인이었는데, 나는 엄마가 반짝반짝 빛날 경험을 선물하는 효도를 하지 못했구나. 엄마가 행복해하는 모습을 내 눈으로 보고 내 마음에 담을 기회가 이제는 더 이상 없구나.

같은 실수를 하지 않으려 아버지와 기회가 되는 대로 여기저기 다니려고 한다. 하지만 아버지는 천성이 다니는 걸 좋아하시지 않는 데다, 시간이 지날수록 다니는 걸 점점 힘들어하시기에 멀리 많이 다니는 것보다는 같이 시간을 보낸다는 것에 방점을 두고 있다.

아버지 모시고 새로운 곳에 갈 때마다 "엄마가 같이 왔으면 참 좋아했을 텐데…." 하며 아쉬워하신다. 알 것 같다. 여행을 그토록 좋아하셨던 엄마를 생각하며, 다니는 걸 그리 좋아하지 않는 아버지가 그래도 노력하고 계시는 거다.

> 문득 아름다운 것과 마주쳤을 때
> 지금 곁에 있으면 얼마나 좋을까 하고
> 떠오르는 얼굴이 있다면 그대는
> 사랑하고 있는 것이다
> - 이문재, 〈농담〉 중에서

이번 주말에는 가을이 다 가기 전에 아버지와 청송 주왕산에 단풍을 보러 가기로 했다. 이번 여행에서도 엄마를 생각하는 아버지의 눈가가 붉어지실 것을 못 본 체해야 할 것이다.

아버지는 여전히 엄마와 깊은 사랑 중에 있는 거다.

## 모자 부자

아버지 생신을 맞아 삼 남매가 모두 대구에 모였다.
엄마가 살아 계셨다면 분명, 소고기 넣고 진하게 끓인 미역국과 도톰하고 큼직한 굴비 구이에 각종 야채를 넣어 볶은 잡채가 있는 엄마표 생일상을 차려냈을 날이다. 이제 엄마가 안 계시니 간편하게 밖에서 먹자는 아버지 말씀에 따라 외식을 하기로 했다.
집이 아닌 식당 앞에서 만난 아버지는 모자를 쓰고 계셨다. 고혈압 증세가 있으신 아버지를 위해 언젠가부터 엄마는 아버지가 외출하실 때면 꼭 아버지 모자를 챙기셨고, 어느새 모자는 아버지의 트레이드마크가 되었다.

한 상 가득 차려낸 한정식을 앞에 두고도 별로 젓가락질을 안 하시던 아버지가 나지막이 말씀하셨다.

"모처럼 다 같이 모였을 때 엄마도 이렇게 맛있는 음식을 같이 먹으면서 즐기면 얼마나 좋았겠노? 진작부터 이렇게 사 먹으면 될 일을, 네 엄마 살아 있을 때는 삼시 세끼 차려내는 고생을 몰라준 게 참 후회된다."

아버지 생신이라고 자식들은 전화만 달랑 드리고 말았던 그 많던 날들을 두 분은 서로 다독이며 그렇게 지내셨을 것이다. 그러니, 뒤늦게 자식들이 총출동해서 고급 한정식 요리를 대접한다 한들 먼저 간 아내의 부재는 아버지를 더 외롭게 했을 것이다.

기분 전환도 할 겸, 식사를 마치고 바로 집으로 가지 않고 근처 앞산공원 전망대로 갔다. 케이블카를 타고 꽤 높이 올라간 전망대에서 보는 탁 트인 풍경을 배경으로, 우리 삼 남매는 번갈아 가며 아버지의 팔짱을 끼고 사진을 찍었다. 그리고 과장되게 유쾌한 척 떠들어댔다.

순간 갑자기 훅하고 불어온 바람에 아버지 모자가 휙 벗겨졌고 모자는 순식간에 산비탈을 타고 날아가 버렸다.
"아이고, 네 엄마가 선물로 사준 모자인데…."
아버지가 안타까운 탄식을 하셨다. 아버지 마음이 얼마나 허할까 걱정이 되었지만, 우리는 모두 짐짓 아무렇지도 않은 척 명랑하게 농담을 했다.
"엄마만 빼고 우리끼리만 즐겁다고 엄마가 심통이 나셨나 보다."
다시 케이블카를 타고 돌아오는 내내 날아간 모자가 떨어져 있을지도 모른다며 미련을 못 버리고 아래를 살피시는 아버지의 맨머리가 안쓰러웠다.

일주일 뒤, 아버지에게는 새 모자가 한꺼번에 네 개나 생겼다. 언니가 서울에서 사서 택배로 보낸 모자가 두 개, 내가 친정에 내려가면서 사 간 모자가 두 개.
"아이고, 효녀 딸들 덕에 모자 부자 됐네." 아버지가 환하게 웃으셨다.

'아버지,

아버지 마음이 덜 시리길 바라는 딸들의 마음이에요.'

## 좋은 문장 밑줄 긋기

홀로 계실 아버지가 적적하실 것 같아 고민이었다.
가깝고 좋다는 복지관에 모시고 가서 상담 끝에 몇 가지 수업을 등록했으나, 몇 차례 나가시더니 결국 그만두셨다. 언니가 다양한 신문을 배달시켰으나 몇 달도 채 지나지 않아 눈이 침침해서 신문 읽기도 힘들다며 구독을 중지토록 하셨다. 이런저런 책도 보내봤지만 꽤 긴 시간과 에너지를 들여 몰두해야 하는 책 읽기가 힘드신 듯했다.
그러다 우연히 월간 잡지 〈좋은생각〉의 한 글을 접하고는, 이 정도의 길이와 내용이면 아버지도 부담을 갖지 않고 읽으실 것 같다는 희망으로 글씨 크기를 키운 〈큰 글씨 좋은생각〉을 아버지 집으로 배달시켰다. 왠지 종용하는 것 같아 읽으시는지를 여쭤보지는 않았다. 대신 친정에 갈 때마다 내가 읽는 척하면서 슬쩍 잡지의 손때를 가늠해 보려고 했다.

첫 달에 받아본 잡지는 읽었는지 아닌지 알기가 애매할 정도로 깨끗했다.

두 번째 배달된 잡지를 읽는데, 한 페이지가 눈에 확 띄었다. 미국의 조지 마셜 장군에 대한 글이었는데, '단련'과 '정직'에 주황색 형광펜이 진하게 그어져 있었다. 아, 아버지가 이 단어들을 특별하게 마음에 담으셨구나.

세 번째 달 잡지에는 '보고 싶었어'라는 제목의 수필에 있는 "그 모습은 내 마음 한구석에 켜켜이 쌓인 먼지처럼 덩어리졌다"라는 문장에 밑줄이 그어져 있었다. 궁금했다. 이 밑줄을 그을 때 아버지는 어떤 마음이셨을까?

그 후 어떤 호의 잡지에는 꽤 여러 페이지에 붉은 밑줄들이 보였다.

"인생에서 가장 중요한 것은 성실한 인격과 나를 희생하면서 사랑할 줄 아는 것" "고통을 정면으로 응시하라. 그것이 너를 삼키지 못하도록" "언젠간 사람도 새처럼 자유롭게 오가는 날이 오길 바랍니다" 등이었다.
울컥했다. 아버지의 마음이 읽히는 것 같아서. 다는 모르겠지만 왠지 알 것도 같아서.

오늘도 친정집에 와서 이달에 배달된 잡지를 펼쳐 몰래 아버지의 밑줄을 찾는다. 아버지가 읽으신 잡지를 내가 뒤이어 읽으면서 아버지의 생각을 따라 걷는다.
나만의 은밀하고도 친밀한 산책을 시작한다.

### 아버지와의 대화법

아들 다섯에 딸 하나
부산으로 인천으로 목포로 안양으로
다 내보내고 섬에서 혼자 사는 어머니
"음 걱정마라, 나는 예가 좋다"
- 이생진, 〈혼자 사는 어머니〉 중에서


엄마가 살아 계실 때, 나는 명절이나 생신 같은 특별한 날이 아니고는 두 분을 뵈러 가는 일이 별로 없었고 안부 전화조차도 정기적으로 드리지 않는 편이었다. "너는 나이 든 부모가 어떻게 지내는지 궁금하지도 않냐?"라는 서운함이 묻어난 핀잔을 듣기는 했지만, 나는 무심함을 트레이드마크로 밀고 나갔고 부모님도 결국에는 포기하고 마셨다. 모두 평안했던 과거의 일이다.

엄마가 돌아가시고 나서, 아버지를 남매들이 살고 있는 서울 쪽으로 모셔 오려고 했으나 아버지는 집에 남겠다고 하셨다. 웬만해선 당신의 의견을 앞세우지 않던 아버지가 의외로 단호하셨기 때문에 우리는 아버지 뜻대로 하기로 했다.

멀리 계셔도 주말에는 남매들이 가능한 한 돌아가면서 아버지와 시간을 같이 보내고 있지만, 문제는 주중이었다. 평소에 웬만큼 중요한 용건이 아니면 전화 통화를 안 하는 나로서는 전화로 매번 거의 같은 내용의 안부 인사를 한다는 것이 영 익숙하지도 편하지도 않았다. 하지만 오매불망 자식의 연락을 기다리고 있을 아버지를 위하면서 동시에 혼자 계실 아버지의 안녕이 궁금한 나를 위해서도 아버지와 대화하는 방법을 찾아야 했다. 그렇게 생각해 낸 방법이 매일 아침 일어나자마자 카톡 메시지로 영문 명언을 보내는 것이었다.

35년 이상 영어를 가르치셨던 아버지의 기억력 감퇴를 막기 위한 효과도 덤으로 노렸다. 이를테면 이렇게 메시지를 보냈다.

> If you don't make time for exercise, you'll probably have to make time for illness.
> - Robin Sharma
> 운동을 할 시간이 없다면 아마도 병으로 당신의 시간을 보낼 것입니다.
> - 로빈 샤마
>
> 아버지, 오늘도 많이 움직이고 운동하는 활기찬 하루 보내세요~!

그러면 아버지로부터 곧장 "그래, 좋은 명언이다. 우리 가족 모두 건강 관리 잘하여 즐겁게 생활하도록 하자. 고맙고 감사하다. 사랑한다"라는 답장이 온다. 이런 식으로 아버지는 내가 잘 있다는 걸 아시고, 나는 아버지가 밤새 안녕하시다는 걸 안다.

이렇게 아버지와 카톡 대화를 막 시작했을 무렵, 하루는 이른 새벽부터 산행이 있어서 아침 제시간에 메시지 보내는 걸 깜빡 잊은 적이 있었다. 정오 무렵 아버지로부터 "둘째 딸, 오늘은 왜 소식이 없노?"라는 메시지를 받았다. 순간 얽매이기 싫어하는 성격 탓에 짜증이 먼저 확 올라왔다. 그러다 곧 자식 걱정이 하루의 전부인 아버지가 오전 내내 전전긍긍하며 성질머리 고약한 둘째 딸이라 참고 참았을 메시지를 마침내 보내셨을 걸 생각하니, 그런 아버지가 안쓰러웠다. 그 이후로는 해외에 나가거나 아침부터 뭔가 바쁜 일이 있어 메시지를 보내기 힘들 것 같으면 메시지 예약 기능을 사용해서라도 매일 메시지가 차질 없이 갈 수 있도록 미리미리 준비해 둔다. 이제는 아버지의 응답이 늦어지면 외려 내가 덜컥 걱정이 된다. 다는 아니지만 이런 식으로 아버지의 마음을 조금 더 이해하게 된다.

하루에 딱 한 번 아침 카톡 메시지로 그날의 대화를 '땡' 하고 숙제 제출하듯이 끝내는 나와는 달리, 언니와 동생은 하루에도 몇 번씩 아버지에게 메시지를 보내거나 전화 통화를 한다. 혼자 심심하고 외롭게 계실 아버지에게 제일 궁금하고 반가운 소식이 자식들 일상임을 아는 까닭이다.

아버지의 하루는 나의 카톡 명언으로 시작해서 언니의 브이로그 같은 실시간 일상 공유 메시지들로 이어지고, 동생의 안부 전화로 운동 나갈 시간과 식사 시간을 상기하고, 언니의 밤 인사 전화로 마무리된다. 다행히 이 정도면 혼자 계시는 아버지의 하루가 그리 적적하지는 않을 것 같다.

어느 날 아침 아버지와의 카톡 대화는 어쭙잖게 아버지를 위로하려는 나의 얄팍함을 한없이 부끄럽게 만들었다.

The root of suffering is attachment. Nothing is

permanent.

- Siddhartha Gautama

고통의 근원은 집착입니다. 그 어떠한 것도 영원한 것은 없습니다.

- 싯다르타 고타마


아버지, 오늘도 집착 없는 마음 평안한 하루 보내세요~!

아버지는 이렇게 답을 주셨다.
"그래, 우리 모두 슬픔에서 빨리 벗어나도록 노력하자. 그게 엄마의 바람일 거다. 사랑한다."

혼자 사는 아버지의 자식들을 위한 메시지는 오늘도 계속된다. 내 아버지 버전의 "음 걱정마라, 나는 예가 좋다"이다.

## '미안하다'와 '행복하자'

부모님 두 분 모두 건강하실 때, 깊은 생각 없이 가족 카톡에 글을 올린 적이 있다.
"왔니? 고맙다, 사랑한다, 행복해라. 아빠 엄마가"라는, 어느 묘비명에 대해 이야기하는 글이었다. 부모의 묘비명이라며 철없는 딸이 퍼 나른 글에 두 분이 특별히 어떤 반응을 보이셨는지 기억이 잘 나지는 않는다.

언제부터인가, 아버지가 "고맙다, 사랑한다"를 카톡의 모든 메시지마다 붙이신다. 내 기억이 틀리지 않는다면, 엄마 돌아가시기 전에는 굳이 그렇게 글로 표현하지는 않으셨던 멘트다.

엄마 돌아가시고 나서 아버지가 자주 하시는 또 다른 말씀 중 하나에는 "미안하다"가 있다. 특별히 미안할 게 아닌 일에 습관처럼 붙이시는 것 같은 아버지의 그 "미안하다"라는 표현이 귀에 꽤 거슬렸다. "답톡이 늦어 미안하다" "걱정을 끼쳐 미안하다" "실수를 했다. 미안하다" "고맙고 미안하다" "마음 아프다. 미안하다". 생뚱맞고 끝없는 아버지의 "미안하다"에 괜스레 화가 나기도 했다.

하루는 아버지와 같이 버스를 탔는데 앞쪽의 교통약자석은 빈자리가 없어서 띄엄띄엄 빈자리가 보이는 뒤편으로 들어갔다. 두 명이 앉을 수 있는 좌석의 바깥쪽에 앉아 있던 젊은 사람이 아버지를 보고 안쪽으로 들어앉고 바깥 자리를 내어주었다. 아버지는 연신 "아이고, 미안합니다"라고 말씀하셨고 젊은 사람은 별 반응이 없었다. 그 상황이 왠지 속상해서 버스에서 내려서 나는 "가볍게 고맙다고 하면 될 일을 왜 굳이 몇 번을 미안하다고 하셨냐"라며 타박을 했는데, 아버지는 "그냥

안하다고 느껴서 미안하다고 했다"라고 대꾸하셨다. 분명 짜증이 묻어났을 내 목소리로 아버지 마음을 불편하게 만든 듯해서 내 마음도 좋지 않았다.

무엇이 아버지를 끝없이 미안하게 만들까? 알 것 같으면서도 알고 싶지 않은 마음이 드는 것은 왜일까? 다행히 아버지가 근래에 자주 하시는 다른 말씀 중에 내가 아주 좋아하는 표현이 있다. "행복하자".

"행복해라"가 아닌 "행복하자"에서는 엄마의 부재에도 불구하고 꿋꿋이 살아내겠다는 아버지의 의지와 자식들에 대한 격려가 느껴진다. 그래서 마음이 놓인다.


'아버지, 우리 많이 고마워하고 사랑하면서 행복하게 살아요. 미안해 하지는 말고요.'

## 아버지의 자리

대학을 졸업하고 회사에 다니면서부터 나는 소설을 거의 읽지 않았다. 그러니 국내외에 어떤 소설가가 있는지 잘 알지도 못했을뿐더러 매년 발표되는 노벨문학상 수상자에게도 딱히 관심이 없었다. 그러나 2022년 노벨문학상 수상자가 아니 에르노라는 소식을 접했을 때, 내 마음은 콩닥콩닥 뛰었다. 30년 전, 내가 유일하게 읽은 그녀의 소설 《아버지의 자리(La Place)》가 준 깊은 위안 때문이었다.

요즘 나오는 개정판에서는 《남자의 자리》로 번역되는 책인데, 그때 제목이 '아버지의 자리'가 아닌 '남자의 자리'였다면 나는 어쩌면 이 책을 읽지 않았을지도 모른다. 왜냐하면 바로 '아버지'라는 부분에 끌렸으므로. 부끄러운 고백이지만, 머리가 굵어진 사춘기 시절 나는 아버지의 인생이 시시하다고 생각했다. 아버지가 가정을 소홀히 했거나 가부장적이었다거나 그런 것은 전혀 아니었다. 오히려 정반대였다. 아버지는 지극히 가정적이셨고 오로지 아내와 자식밖에 모르셨다. 그런데 그 가족밖에 모르는 모습이 나는 참 싫었다. 친구들은 전형적인 경상도 아버지와는 다른 다정한 내 아버지를 무척 부러워했다. 그러나 나는 자식들만 바라보는 자상한 아버지보다는 근엄하지만 자기 세계와 취향이 있는 아버지를 더 동경했다.

그렇게 아버지에 대한 감정과 이성 사이의 괴리는 대학에 들어가서도 쉽게 없어지지 않았는데, 이런 심리적 갈등을 아는 불문과 친구가 권해준 책이 바로 아니 에르노의 《아버지의 자리》였다. 그녀의 자전적 소설을 읽으면서, 나는 무엇보다도 나의 갈등이 지나치게 예민하고 배은망덕한 것은 아니라는 것, 어쩌면 자식이라면 누구나 그럴 수 있다는 것에 큰 위안을 받았다. 그리고 언젠가는 아버지의 인생을 좀 더 이해할 수 있는 날이 올 거라는 막연한 희망 같은 걸 얻었다.

젊었던 날, 나는 언제나 최고를 지향하면서 최선을 다하며 살았다. 그러나 시간이 지나면서 내가 늘 최고가 될 수는 없다는 사실과, 내가 하는 최선이 반드시 최선이 아닐 수 있다는 사실을 경험을 통해서 점점 깨닫게 되었다. 그제야 내 부모의 최선에 진정으로 감사하고 그들의 삶을 존경하게 되었다. 어느 책에서 읽었던가. '존경하다'라는 뜻을 가진 영단어 'Respect'는 '보다' 혹은 '돌아보다'라는 의미의 라틴어에서 나온 말로, '존경하다'라는 말에는 상대를 있는 그대로 보는 것의 의미가 있다고. 어떤 행동을 하거나 무엇을 성취해서가 아니라, 존재하는 것 자체, 살아내는 것 자체만으로도 충분히 존경스럽다는 것을 비로소 알게 되었다. '최고의 삶'은 아닐지라도 '최선을 다하는 삶'도 아름답고,

누구나 자신만의 '최선'이 있다는 것도.

한번은 혼자 무료하게 하루하루를 보내시는 아버지가 답답하고 안타까워 나도 모르게 이런저런 잔소리로 채근했는데, 아버지는 마른 표정으로 "이만큼이라도 하는 게 내 최선이다. 최선을 다하니까 이렇게라도 하는 거다" 하셨다. 나는 순간 머리를 세게 한 대 얻어맞은 것 같았다. 그렇다. 정말이지 아버지는 아버지의 자리에서 최선을 다하고 계시는 거였다. 기대도 실망도 없이 아버지의 인생 자체를 존중하고 있는 그대로의 아버지를 존경하려면, 나는 아직 한참 멀었나 보다.

서울로 올라오면서 아니 에르노의 소설 개정판 《남자의 자리》를 다시 사서 읽어봐야겠다고 생각했다. 이번에는 '아버지'라는 부분보다 '남자'라는 부분에 더 초점을 두어 읽어보려 한다. 아버지를 좀 더 온전히 한 사람으로 이해하고 싶어서다. 모르긴 몰라도 개정판 제목이 바뀐 것도 그런 이유가 아닐까 혼자 짐작해 본다.

### 조용한 추석

어느새 엄마 없이 보내는 두 번째 추석을 맞았다.

맏며느리였던 엄마는 생전에 명절즈음이면 제사 준비를 하느라 몇 날 며칠을 새벽부터 자정까지 엉덩이 한 번 땅에 붙일 새 없이 바쁘셨다. 명절 당일은 형제자매 일가친척들로 북적북적 시끌시끌 정신이 없을 정도였다. 그렇게 30여 년을 넘게 명절을 지내다 몇 해 전 제사를 서울 남동생네로 옮긴 이후로는 부모님이 역귀성을 하셨다.

나도 엄마처럼 맏며느리긴 하지만, 완전히 날라리 맏며느리다. 일하는 며느리에 대한 이해심이 넓으셨던 시부모님 덕분에 '명절 노동'이나 '명절 후유증' 같은 말은 내게는 먼 나라의 얘기였다.

엄마가 돌아가시고 나서 한 번의 설과 한 번의 추석 명절에 혼자 역귀성을 하던 아버지는 이번 추석부터는 명절에 올라오지 않겠다고 하셨고, 왠지 그 마음을 알 것 같아서 차마 올라오시라 두 번 말씀을 드릴 수가 없었다. 역시 혼자 지내시는 시어머님이 "혼자 계시는 네 아버지 먼저 챙겨드려라"라고 해주신 말씀을 넙죽 받았다. 그렇게 처음으로 아버지와 둘만 명절을 보내게 되었다.

추석날 아버지는 산소에 가고 싶다고 하셨다. 아버지의 부모님이 묻혀 계신 곳, 거기에 아내까지 먼저 묻혀서 언젠가는 당신과 합장되기를 기다리는 곳. 할아버지와 할머니, 엄마가 나란히 양지바른 곳에서 쉬고 계셨다. 뒤편에는 곧고 푸른 소나무들이 울타리가 되어주어 든든했고, 여기저기서 명랑하게 지저귀는 새소리 덕분에 심심치는 않으실 것 같았다.

"아부지 어무이, 이 사람 좀 잘 데리고 계셔주시소. 저는 애들이랑 조금만 더 있다가 갈게요."

그날 밤, 집 베란다에서 보름달보다 더 크고 밝다는 '슈퍼문'을 아버지와 같이 바라보다가 장난삼아 "우리 소원 빌어요" 했는데, 아버지는 말 잘 듣는 유치원 아이처럼 두 손을 가지런히 모으고 눈을 감은 채 한참을 계셨다. "무슨 소원을 그리 오래 비셨어요?" 물었는데, 금세 말 안 듣는 사춘기 아이가 되어 짐짓 못 들은 체하며 거실로 들어가 버리셨다.

> 반백의 머리를 쓰다듬는
> 부드러운 달빛의 손길
> 모든 것을 용서하는 넉넉한 얼굴
> 아, 추석이구나
> - 유자효, 〈추석〉 중에서

아버지와 단둘이 보낸 조용하고 차분한 추석이었다.

## 언젠가는 나도




조용하던 카페가 갑자기 시끄러워졌다. 친정집 동네에 제법 쾌적하고 힙한 베이커리 카페가 생겨서 아버지와 종종 들르곤 한다. 그날도 카페에서 책을 읽으며 근처에서 운동하고 계시는 아버지를 기다리고 있었다.

60대 중후반의 여성이 지팡이 든 노인을 부축하고 들어오면서 소란은 시작되었다. 구순이 넘어 보이는 노인은 아마도 귀가 많이 어두운 것 같았다. 두 사람의 대화 소리가 워낙 커서 카페 안쪽 주방에서 분주히 빵을 만들고 있던 직원들이 흘낏흘낏 홀을 쳐다볼 정도였다. 옆 테이블에 앉아서 스마트폰 삼매경에 빠져 있던 젊은 여성은 몇 번 곱지 않은 시선을 던지더니 결국에는 일어나서 나가버렸다.

나는 책 읽기를 아예 멈추고, 둘의 모습을 표 나지 않게 훔쳐보았다. 빵을 나누어 먹으면서 별것 없는 일상을 나누고 서로의 건강을 걱정하는 시아버지와 며느리 사이의 시끄럽지만 살가운 대화를 들을 수 있었다. 그러다 어느새 미소를 짓고 있는 나를 깨닫고는 이런 변화가 살짝 낯설면서도 반가웠다. 과거의 나라면 거친 눈짓과 몸짓으로 나가버린 젊은 여성과 별반 다르지 않게 행동했을 터이다. 공공장소에서의 '큰 목소리 대화'에 대해 부정적인 판단이 앞섰을 것이다. 그런데 지금은 나이 든 며느리와 더 나이 든 시아버지가 서로를 챙기는 모습에서, 잘 들리지 않으니 점점 자신의 목소리를 높이시는 아버지와 잘 들리지 않는 아버지를 위해 덩달아 목소리를 높여야 하는 나를 보았다.

아버지와 같이 있으면 수시로 울리는 메시지 수신음이나 엄청난 데시벨의 전화 소리에 깜짝깜짝 놀랄 때가 많다. 예전 같으면 카톡 알림음을 진동이나 무음으로 바꾸시라고 잔소리를 했을 것이다. 그러나 별다른 사회 관계를 맺지 않고 집에 혼자 계시는 시간이 많은 아버지에게 "카톡, 카톡" 하고 울리는 메시지가 얼마나 반가울지 알기에 이제는 그런 말을 차마 하지 못한다. 기기에 서툴고 힘들어하시는 아버지에게 보청기를 안 끼신다고, 스마트폰의 울림음 기능을 장소에 따라 착착 바꾸시라고 잔소리를 할 수가 없다.

아버지와 보내는 시간이 많아질수록 아버지의 노쇠함과 외로움을 보게 된다. 아버지의 일상을 가까이서 지켜볼수록 나도 언젠가는 귀 어둡고 외로운 노인이 된다는 피할 수 없는 사실을 인지하게 된다.

그러니, 모르면 몰라도 알고는 너그러워질 수밖에 없는 것이다.

## 노인 취급, 어른 대접

아버지의 마른기침이 그치질 않아 집 앞 이비인후과에 모시고 갔다. 진료실에 들어서서 별생각 없이 아버지의 증상을 설명하려는 나를 의사가 조용히 그러나 단호한 톤으로 제지하고는 "어르신, 어르신께서 직접 증상을 설명해 보세요"라며 아버지와 눈을 지긋이 맞추셨다. 그렇지, 귀가 좀 어둡다고 말이 서툰 건 아닌데… 아버지를 노인 취급한 나의 무의식이 무심코 드러난 것 같아 부끄러웠다. 그리고 좀 전까지 동네 아저씨같이 평범해 보이던 의사가 갑자기 명의로 보였다. 노인의 마음을 알아주고 제대로 대해주는 멋진 의사 선생님.

아버지를 모시고 동생과 경남 사천으로 여행을 간 적이 있다. 그곳에서 바다와 산을 동시에 아우른다는, 길이 2km가 넘는 케이블카를 탔다. 나는 고소 공포증까지는 아니었지만, 타는 내내 대화도 제대로 못 나눌 정도로 마음을 졸였다. 나중에 한 지인에게 나 혼자 갔다면 굳이 타려고 하지 않았을 거라며 그날의 얘기를 했더니, 지인이 나를 놀리면서 동영상 하나를 보여주었다. 영상은 사천에 홀로 사시는 101세 할머니가 케이블카를 타는 내용이었다. 굽은 등의 할머니는 누구의 도움도 없이 지팡이를 짚고 혼자 한참을 걸어, 케이블카 탑승장에 가서 직접 표를 사셨다. 평생 살아온 사천 땅에 새로 생겼다는 케이블카를 타보고 싶었지만, 외지에 사는 자식들은 와도 급하게 돌아가곤 해서 혼자서 타는 거라며 씩씩하게 말씀하셨다. 할머니는 "에헤 참 좋다"라는 감탄사를 연신 내뱉으시면서, 100년 인생에 처음으로 타본다는 케이블카를 그렇게 만끽하셨다. 그래, 나이가 들면 하고 싶은 게 없고 혼자서는 하지 못한다고 누가 감히 말하랴.

드라마를 보는데, 치매 초기인 노인을 어떻게 돌볼 것이냐는 문제로 가족이 회의하는 장면이 나왔다.
효자 효부인 장남 부부가 자신의 집으로 모시겠다느니, 정 많은 고명딸 부부가 자기들이 모시겠다느니, 싱글인 아들이 자기가 부모님과 같이 살면서 돌보겠다느니 하며 열띠게 논의를 하고 있는데, 구석에 앉아서 듣고 있던 20대 손녀가 시크하게 물었다. "할아버지가 어디서 살지를 결정하는데 왜 할아버지 본인 의견은 안 물어보세요?" 정곡을 찌르는 그 질문에 가족들의 "아~"하는 표정이라니.
자식들이 노인 취급한 치매 초기의 아버지는 먹고사느라 접어두었던 어릴 적 꿈인 발레를 일흔의 나이에 시작한다. 굳은 몸의 노인이 이제 막 배운 발레 동작을 하는 것을 보며 전직 유명 발레리노가 이렇게 말한다. "우아하더라. 그 노인이 안간힘을 쓰면서 손을 뻗고 다리를 들어 올리는 게. 나 감동받았어." 32회전 푸에테를 보고도 '감탄은 해도 감동을 하지는 않는다'고 말하는 그가 가장 기본적인 발레 동작을 하는 노인에게서 받은 감동은 어디서 나온 것일까? 기억을 잃어가면서도, 아니 기억을 잃어가기 때문에 더더욱 절실했던 노인의 남다른 열정과 의지 때문이 아니었을까?

나이가 들었다는 것만으로 쉽게 노인 취급을 하는 건, 호기심이 있고 열정과 의지가 있는 어른으로부터 감동과 영감을 얻을 좋은 기회를 잃는 건지도 모른다.
이제부터 내 아버지의 호기심과 열정과 의지를 보다 눈여겨보고 좀 더 귀 기울여 보리라.
이번에는 너무 늦지 않게.

## 가만히 곁을 두는

출근 시간대를 지나 그리 붐비지 않는 한가한 시청역에서의 일이다.

2호선에서 1호선으로 갈아타는 에스컬레이터 중간에 있을 때 열차가 도착한다는 안내 방송이 나와 서둘러 뛰어가고 있는데, 저 앞에서 느릿느릿한 걸음으로 플랫폼을 걸어가는 노인이 보였다. 열차는 도착했고 문이 닫히기 전, 뒤에 있던 나는 잽싸게 얼른 열차를 탔는데, 앞서 걷던 노인은 아직도 열차 문 앞에 도달을 못하고 있었다. 조바심이 나서 계속 쳐다보며 속으로 '빨리빨리!' 하고 응원했지만 결국 열차 문은 야속하게 닫히고 말았다. 그런데 몇 초가 지났을까, 지하철 기사님이 노인을 본 모양인지 열차 문이 다시 열렸다. 문제는 이미 열차를 놓쳤다고 생각한 노인이 몸을 돌려 느릿느릿 플랫폼 의자 쪽으로 걸어가는 바람에 열차 문이 다시 열린 걸 모르는 거였다. 결국 문은 닫히고, 노인은 플랫폼에 혼자 덩그러니 남겨졌다.
열차는 출발해서 다시 어둠 속을 달리는데 왠지 외롭고 슬픈 잔상이 내 마음에 맴맴 맴돌았다.

한번은 기차 시간을 맞추기 위해 서울역에서 빠른 걸음으로 걷고 있을 때였다. 이제 막 서울에 도착한 듯 보이는 한 어르신이 낡은 수첩에 적힌 주소를 내밀면서 지하철로 어떻게 찾아가야 하냐고 길을 물어왔다. 번지수까지 자세히 적힌 주소를 앱으로 길 찾기 검색을 해보니, 웬만큼 복잡한 것이 아니어서 어르신에게 설명하는 것조차 만만한 일이 아니었다. 나는 난감해서 어떻게 해야 할지 잠시 망설이다 마음이 급한 나머지, "우선 1호선을 타고 어디에서 내려서 다시 길을 물어보시라"라며 지하철 1호선 타는 데까지만 알려드리고는 기차를 놓치지 않으려고 걸음을 재촉했다.

기차에 앉아 숨을 돌리자마자 후회가 밀려왔다. 느린 걸음으로 돌아서던 어르신의 구부정한 뒷모습이 자꾸 생각이 나서. 오지랖일지라도, 차라리 택시를 태워드리면서 기사분에게 잘 모셔달라고 당부를 했더라면 어땠을까 싶어서.

다리를 건너는 한 사람이 보이네
가다가 서서 잠시 먼 산을 보고
가다가 쉬며 또 그러네

얼마 후 또 한 사람이 다리를 건너네
빠른 걸음으로 지나서 어느새 자취도 없고
그가 지나고 난 다리만 혼자서 허전하게 남아 있네

다리를 빨리 지나가는 사람은 다리를 외롭게 하는

사람이네

- 이성선, 〈다리〉 전문

요즘 아파트 단지를 걷다 보면 유난히 노인들이 많이 보인다. 어쩌면 내가 노인들을 유난히 눈여겨본다는 것이 더 정확한 표현일지 모르겠다. 벤치에 혼자 우두커니 앉아 있는 노인, 지팡이나 보조기에 의존해서 힘겹게 걸음을 걷는 노인, 아장아장 줄지어 걸어가는 동네 어린이집 아이들을 지긋이 쳐다보는 노인까지, 예전에는 그냥 지나쳤을 노인들을 자세히 보게 된다. 이제는 만날 수 없는 저 먼 곳에 계시는 엄마의 얼굴이 보여서일까, 아니면 본가에 혼자 외롭게 계시는 아버지의 얼굴이 보여서일까? 어쩌면 미래의 내 모습이 보여서인지도 모른다.

언젠가부터 아파트 벤치에 혼자 앉아 있는 노인을 보면 나도 슬쩍 옆의 벤치에 앉곤 한다. 그러다 우연히 눈이 마주치면 수줍은 눈인사를 한다.

어느 날 내 아버지가 벤치에 혼자 앉아 계실 때, 누군가 그렇게 가만히 앉아 눈인사라도 해준다면 정말 고마울 일이다.

> 철이른 낙엽 하나 슬며시 곁에 내린다
> (중략)
> 고맙다
> 실은 이런 것이 고마운 것이다
> - 김사인, 〈조용한 일〉중에서

## 눈물로 걷는 인생길

오래전의 일이다. 새내기 직장인이었던 시절에 언니와 같이 시골에 계신 할아버지를 오랜만에 뵈러 간 적이 있었다.

할아버지 댁에서 멀지 않은 곳에서 살던 어린 시절에는 자주 드나들었으나, 도시로 이사하고 나서는 학교 공부를 핑계로 명절이나 되어야 시골에 가곤 했다. 그나마도 대학을 가고 사회생활을 하면서는 통 뵙지 못했다. 그러는 동안 너무 연로해진 할아버지는 평생을 해오신 농사일을 어쩔 수 없이 놓으시고 집에만 머물러 계신다고 했다.

내 기억 속의 크고 건장했던 할아버지는 너무 작고 야

원 채로 자리에 누워서 일어나지 못하셨다. 힘겹게 눈을 뜨신 할아버지는 장손녀와 둘째 손녀(언니와 나는 할아버지 11명 손주 중 나이로 서열 1, 2위이다)를 알아보자마자 '우우' 소리 내어 우셨다. 온 힘을 다해 평생을 살아왔듯 온 힘을 다해 마지막을 준비하고 계신 듯했다. 그것이 결국 할아버지와의 마지막 만남이 되었다. 너무 오랜만에, 너무 늦게 할아버지를 뵈러 간 것이다.
지금도 문득문득 그날 할아버지의 울음과 쓸쓸하던 얼굴이 생각난다. 그때마다 철없고 생각 없던 그 시절의 내가 한탄스럽다.

시어머님은 몇 년 전에 시아버님이 돌아가신 후 대구에서 혼자 지내신다. 회사 다닐 때는 회사 다닌다는 핑계로, 회사를 그만둔 후에는 남편의 형제들이 어머님 가까이 산다는 이유로 자주 찾아뵙지 못했다. 가끔 연락드리면, 보살같이 마음 선하신 어머님은 "나는 잘 지낸다. 내 신경은 쓸 필요 없다"라고 하신다.

늘 남편과 같이 뵙다가 한번은 남편 없이 혼자 어머님을 뵈러 간 적이 있다. 어머님 댁 근처 식당에서 먼저 식사를 하고 들어가기로 했다. 며느리 만나서 설렌다며 오랜만에 화장도 하고 제일 좋은 옷을 입고 나오셨다는 곱디고운 어머님을 보면서, 좀 더 자주 시간을 같이 못 했던 죄송한 마음에 목이 메었다. 가족들과 우르르 모일 때와는 다르게 어머님과 단둘이 대화한 그날, 어머님에 대해서 참 많이 알게 되었다. 어머님이 스마트폰에 저장해 놓고 자주 보신다는 옛 사진들을 함께 보면서 어머님의 학창 시절 절친들 얘기, 결혼 전 학교 선생님 하시던 시절 얘기, 아버님과의 신혼 시절 얘기도 풀어놓으셨다. 성정이 맑고 부드러운 남편을 낳고 길러주신 어머님의 봄같이 빛나는 삶을 타임머신을 타고 여행한 기분이었다.

인사하고 돌아설 때 배웅하시는 어머님의 눈가가 붉어졌다. 또다시 긴긴 시간을 혼자 지내실 어머님의 야윈 어깨를 안아드리고 돌아서서 나오는 나도 어느샌가 눈물이 핑 돌았다.

아버지에게는 요즘 유일한 소망이 있는데, 세 명의 손자 손녀가 결혼하는 걸 보시는 거다. 이제 겨우 대학생, 고등학생인 손주들이 결혼을 하기까지 얼마의 시간이 걸릴지 모르니 아버지는 그때까지 건강할 수 있도록 열심이시다.
그런 아버지가 어느 날 산책을 하고 들어오시면서 "문득 내가 이 동네 길을 얼마나 더 걸을 수 있을까 하는 생각이 든다" 하며 눈두덩이를 누르신다.

저물어 가는 인생길을 혼자 걷는 마음이 어떨지 나로서는 도저히 짐작할 수가 없다. 앞서 그 길을 걷고 있는 사랑하는 사람들의 쓸쓸한 뒷모습을 겨우 볼 수 있을 뿐이다. 외롭고 두려울 그 길을 비록 나란히 걷지는 못하지만, 우리는 모두 같은 길을 걷고 있는 거라고, 같이 걷고 있는 그 길에서 다정한 눈길로 지켜보고 있다고, 다만 조용히 손잡아 줄 수 있을 뿐이다.

눈물로 걷는 인생의 길목에서 가장 오래, 가장 멀리까지 배웅해 주는 사람은 바로 가족이다.
- H. G. 웰스

## 장례식 전에 작별식

"나의 장례식에 꽃과 부조금 대신 우리가 함께 웃었던 기억을 들고 오세요."

엄마와 같은 나이의 42년생 박정자 배우가 그녀의 지인들에게 보낸 '생전 장례식' 부고장, 아니 초대장의 문구다. 평소 사랑하던 사람들이 와서 다른 세상으로 가는 것을 축복해 주길 바라는 마음으로 '장례 축제'를 미리 여는 것이라 했다. 부러웠다. 죽음조차 이토록 열정적으로 준비할 수 있는 그녀의 용기가. 이런 용기는 유명인이니까 가능한 것일까 하는 소심한 생각을 잠깐 하기는 했지만….

엄마 장례를 치르고 나서 한참 지난 어느 날, 엄마의

옷장 깊숙한 곳에서 물건 하나를 발견했다. 고급스러워 보이는 보자기에 고이 싸여 있는 꽤 큰 상자 두 개였다. 보자기를 풀고 위의 상자를 열어보니 삼베로 만든 옷이 접혀 있었다. 차마 펼쳐서 보지는 못했지만 딱 봐도 수의였다. 아마 생전에 엄마가 아버지 것까지 같이 두 벌을 준비해 두신듯했다. 멀리 떨어져 살던 자식들은 그런 사실을 짐작조차 하지 못했으므로, 막상 엄마를 보낼 때는 스스로 마련해 놓은 수의를 입혀드리지 못했다. 장의 직원이 내미는 그렇고 그런 옵션 중 적당한 가격대의 수의를 선택했는데, 거친 표면의 수수한 삼베옷 대신 부드럽고 고운 비단옷을 입혀서 보내 드렸다는 것을 그나마 위안으로 삼을 뿐이었다.

그러고 보면, 나의 부모님도 두 분이 할 수 있는 최선의 방식으로 삶의 여정을 마무리하는 준비를 차곡차곡 하고 계셨던 것이다. 엄마가 돌아가시기 몇 해 전, 그때는 별다른 감정 없이 흘려들었지만, 두 분이 사후에 묻힐 묫자리를 보고 왔다고, 그래서 마음이 편하다고 말씀하신 적이 있다. 햇볕도 잘 들고 잘생긴 나무들이 든든하게 둘러싸고 있는 그곳을 엄마가 무척 마음에 들어 했다고, 아버지가 환히 웃으며 말씀하셨다.

박정자 배우처럼 생전 장례식을 여는 것과는 비교할 수 없이 평범할지라도, 자신들이 입을 수의와 묻힐 못자리를 마련한다는 건 나의 부모에게도 무척이나 용기가 필요한 일이었을 것이다.

준비되지 않은 건 오히려 자식들 쪽이었다. 삼 남매가 모두 왕성하게 현직에서 일을 할 때였으므로 엄마의 장례식은 결코 초라하거나 쓸쓸하지 않았다. 그러나 장례식이 끝났다고 해서 떠나는 이를 제대로 보낸 것은 절대로 아니었다.

엄마를 보내기 위해서 내게는 '잘 치르는 장례'가 아니라 '제대로 애도하는 시간'이 절실히 필요했다. 준비되지 않은 채 엄마를 보내야 했던 내 마음은 오래 방황했고, 마음이 여기저기 떠돌아다닐 때마다 엄마를 추억하는 글을 쓰면서 겨우겨우 붙잡아 놓을 수 있었다.

엄마 돌아가신 후 두 번째로 맞이한 아버지 생신 때, 그동안 써놓은 글을 가족사진과 함께 책으로 엮어서 생신 선물로 드렸다. 아버지는 엄마의 웃는 얼굴이 그려진 책 표지를 마치 엄마의 얼굴을 매만지듯이 한참을 쓰다듬으셨다. 그제야 내 마음속에서 엄마를 온전히 보내드릴 수 있었다. 엄마의 장례를 치르고도 2년여의 세월이 흐른 후였다.

나는 이제 경험으로 안다. 부모를 제대로 잘 보내드리기 위해서는 장례식 준비가 아닌 진정한 이별의 준비가 필요하다는 것을. 보다 의미 있는 건 '죽은 후의 슬픈 이별'이 아니라 '살아 있을 때의 따뜻한 작별'이라는 것을. 부모 자식 간 이생의 소중한 인연을 잘 마무리하고 아버지를 잘 보내드리기 위해 나는 새로운 프로젝트를 생각하고 있다. 우연히 본 어느 인터뷰 기사에서 힌트를 얻은 프로젝트다. 기억과 추억을 액자에 표구한다는 '모리함'이라는 회사 창업자 얘기였다. '모리함'은 '기억 상자'라는 의미로, 기억을 뜻하는 영어 '메모리'의 '모리'와 상자를 뜻하는 한자 '함'을 합쳐서 만든 조어이다. 또 다른 의미로, 그릴 모(慕)와 다를 이(異)라는 한자를 써서 '그리워하는 것을 남다르게 다룬다'는 뜻도 담고 있다고 한다. 갑자기 세상을 떠난 어머니의 유품을 정리하다 발견한 진주 목걸이를 어머니의 사진과 함께 액자에 보관하게 된 것이 창업의 계기였다. 이후 액자 표구를 해서 '기억을 작품'으로 만들고 전시하는 서비스를 제공한다는 것이다.

친정집에는 엄마 아버지와 우리 삼 남매의 추억이 깃든 물품들이 차고 넘친다. 앨범과 액자에 잘 정리되어 있거나 미처 정리되지 못하고 상자에 담겨 있는 사진들, 서랍에 고이 간직되어 있는 편지와 카드들, 어릴 때부터 모아서 차마 버리지 못하고 둔 각종 잡동사니, 부모님과 같이 여행했을 때 사 온 기념품 등. 이것들을 찬찬히 들여다보며 고르고 액자화해서, 엄마 아버지 두 분이 이루어 놓은 멋진 삶을 돌아볼 수 있는 전시를 하려고 한다. 이 전시는 사랑하는 이들과 마음껏 추억을 나누고 충분히 마지막 인사를 할 수 있는 '작별식'이 될 것이다. 아버지와 함께하는, 아버지가 주인공인 '작별식'.

손발이 느리고 게으른 자식들이 힘겹고 기나긴 이 프로젝트를 제대로 해낼 때까지 아버지가 오래오래 건강하게 잘 계셔주기를 바랄 뿐이다. 그 믿음으로 작별 준비를 시작할 용기를 내어본다.

## 엔딩 노트가 아니라
## 앤딩 노트

10년도 훨씬 전에 〈엔딩 노트〉라는 일본 다큐멘터리 영화를 본 적이 있다. 정년퇴직 후 제2의 인생을 준비하던 주인공이 말기 암 판정을 받고, 예상치 못한 죽음 앞에서 망연자실 슬퍼하기보다 성실하고 꼼꼼하게 자신만의 '엔딩 노트'를 준비하며 남은 시간을 보내는 내용이었다.

"긴 이별의 시간이 다가왔습니다. 그동안 소홀했던 가족에게 추억을 선물하고 싶습니다"라며, 주인공은 엔딩 노트의 내용 하나하나를 실천해 나가다 마지막에는 편안하고 고요하게 죽음을 맞이한다. 영화를 보면서 눈이 퉁퉁 붓도록 울었지만, 그때는 죽음이란 게 도무지

멀게만 느껴졌기 때문에 금세 잊어버리고 말았다.

몇 년 전, 암에 걸린 호스피스 병원 의사가 죽기 전에 찍어둔 '이별의 인사'가 화제가 된 적이 있다. 호스피스 병원의 완화 케어 의사이면서 스스로도 암을 앓다가 45세의 나이로 사망한 일본인 의사가, 암이 진행 중이던 생전 어느 시점에 녹화해 둔 영상을 2년 후 자신의 장례식에서 상영하도록 한 것이다.
"조금은 짧은 인생이었지만 최고의 인생이었습니다. (중략) 나는 여러분보다 먼저 저세상에 가서 재회할 날을 기다리겠습니다. 여러분은 서둘러 오지 않아도 괜찮습니다. 그런 날이 늦게 오기를 기도하면서, 또 만나요."
4분 정도의 동영상에서 내내 담담하고 차분한 표정이었던 그가 손을 흔들며 인사를 할 때 살짝 미소를 지었다. 마지막 그 희미한 미소가 내 마음을 먹먹하게 했다. 그러나 그것도 그때 잠깐이었고, 죽음이란 걸 생각하기에는 나는 사느라 너무 바빴다.

죽음이 나에게 심각하게 말을 걸어온 것은 엄마가 돌아가신 이후였다.

"우리는 '언젠가' 죽는 게 아니라 '언제라도' 죽습니다"라는 어느 스님의 말씀이 내내 머릿속에서 떠나지 않았다. 그런데 신기하게도 죽음을 생각하니 그제야 나의 삶을 진지하게 바라보게 되었다.

그러다 보니 예전에는 눈여겨보거나 귀담아듣지 않던, 먼저 인생길을 걸었던 어른들의 지혜가 담긴 말이 와닿기 시작했다.

"퇴직 후, 이제 다 살았다. 남은 인생은 덤이라는 생각으로, 덧없고 희망 없는 삶을 무려 30년이나 살았다. 30년 세월은 지금 내 나이 95세로 보면, 3분의 1에 해당하는 기나긴 시간이다. 이제라도 나는 하고 싶었던 어학 공부를 시작한다. 그 이유는 단 한 가지. 10년 후 맞이하게 될 나의 105번째 생일날 95살 때 왜 아무것도 시작하지 않았는지 후회하지 않기 위해서다."

'어느 95세 어른의 수기'라는 제목의 이 에세이를 쓴 강석규 박사는 그 후 105세에서 2년을 못 채운 103세 때 노환으로 별세하셨다. 그러나 마지막 8년이 그에게 너무나 의미 있는 시간이었을 것을 믿어 의심치 않는다. 나는 그를 통해 나의 지난 55년에 미련 두지 않고 지금이라도 하고 싶은 걸 새로 시작할 수 있는 용기를 얻는다.

> 만일 내가 인생을 다시 산다면
> 다음 번에는 더 많은 실수를 저지르리라
> 긴장을 풀고 느긋하게 살리라
> 이번 인생보다 조금은 어리석게 살리라
> 되도록 모든 일을 심각하게 생각하지 않고
> 좀 더 많은 기회를 놓치지 않으리라
> - 나딘 스테어, 〈내가 다시 인생을 산다면〉 중에서

이 시를 쓴 85세의 나딘 스테어는 앞으로 인생을 어떤 자세로 살아야 할지에 대해 내게 진심 어린 조언을 건넨다.

뒤늦게 문단에 들어서 55세에야 작품을 세상에 알렸다는 프랑스 작가 샤를 쥘리에는 자신의 일기에 이렇게 썼다고 한다. "젊은 시절의 나는 늙은이처럼 살았다. (중략) 나이와 함께 외려 젊어진 나는 삶의 행복을 알게 되었다"라는 그의 말은 몸은 비록 나이 들어도 마음은 얼마든지 다시 젊어질 수 있다는 희망을 내게 준다.

나는 이제 삶의 끝을 준비하는 의미의 '엔딩(Ending) 노트'보다, 인생을 새롭게 시작해서 이어가는 나만의 '앤딩(Anding) 노트'를 적어 나가려고 한다. 그 생각을 하자니 왠지 내가 새로 태어난 기분이 든다.

이 모든 것은 별생각 없이 세상을 살아가던 나에게 엄마가 주신 크나큰 선물이라고 생각한다. 엄마는 나를 낳음으로써 내게 첫 번째 삶을 주셨고, 가시면서 내게 두 번째 삶을 주셨다.

이 은혜는 새로 주신 삶을 아주 정성껏 살아냄으로써 갚을 것이다.

이 글을, 먼저 저편으로 가서 기다리고 계시는 엄마와
나와 같은 길을 조금 앞서서 힘겹게 걸어가시는 아버지에게
깊은 사랑과 감사의 마음으로 바친다.


당신은 나를 사랑해 준 사람입니다.
당신은 내가 깊이 감사하는 사람입니다.
당신은 내가 사랑하는 사람입니다.
그리고 앞으로도 계속 사랑할 사람입니다.
– 텐도 아라타, 《애도하는 사람》 중에서

## 다음 생엔 무조건 엄마 편

1판 1쇄 발행  2025년 8월 28일
1판 2쇄 발행  2025년 9월 26일

지은이  김이경
펴낸이  김성구

책임편집  이은주
콘텐츠본부  고혁 양지하 김초록 류다경 이영민
디자인  이응
마케팅부  송영우 김지희 강소희
제작  어찬
관리  안웅기 이종관 홍성준

펴낸곳  (주)샘터사
등록  2001년 10월 15일 제1-2923호
주소  서울시 종로구 창경궁로35길 26 2층 (03076)
전화  1877-8941 | 팩스  02-3672-1873
이메일  book@isamtoh.com | 홈페이지  www.isamtoh.com

ⓒ 김이경, 2025, Printed in Korea.

이 책은 저작권법에 따라 보호를 받는 저작물이므로 무단전재와 복제를 금지하며
이 책의 내용 전부 또는 일부를 이용하려면 반드시 저작권자와 (주)샘터사의
서면 동의를 받아야 합니다.

ISBN 978-89-464-2313-8  03810

값은 뒤표지에 있습니다.
잘못 만들어진 책은 구입처에서 교환해 드립니다.

샘터 1% 나눔실천
샘터는 모든 책 인세의 1%를 '샘물통장' 기금으로 조성하여 매년 소외된 이웃에게
기부하고 있습니다. 2024년까지 약 1억 1,650만 원을 기부하였으며, 앞으로도 샘터는
책을 통해 1% 나눔실천을 계속할 것입니다.